ローリー・ヴァホーマン
Laurie Verchomin
山口三平 訳
Sampei Yamaguchi

LOVE ビル・エヴァンスと過ごした最期の18か月

Life & Death with Bill Evans

DU BOOKS

THE BIG LOVE

ビル・エヴァンスと過ごした最期の18か月

Life & Death with Bill Evans

DU BOOKS

Translated by Sampei Yamaguchi
Published in Japan
by Disk Union Co., Ltd.

ビル・エヴァンスとの想い出に捧げる
恋人、友人、魂の案内役、そして創造の天才
1929年8月16日－1980年9月15日

ビル・エヴァンスという津波——イントロダクション

ジョン・マクラフリン

私は人生において三度の音楽的ツナミを経験した。マイルス・デイヴィス、ビル・エヴァンス、そしてジョン・コルトレーンという形を取ったツナミが、この順番でやって来たのだ。

最初は1958年にアルバム『マイルストーンズ』でマイルス、そして1959年に『カインド・オブ・ブルー』でビル・エヴァンス、最後は1965年に『至上の愛』でコルトレーンに出会うのだが、それはまたちょっと別の話だ。

『カインド・オブ・ブルー』は、一年足らず前に出た『マイルストーンズ』とは随分と違ったものだった。ビル・エヴァンスの存在によるところが大きいと思う。『カインド・オブ・ブルー』以前からマイルスはとても好きだったのだが、ビルの登場により真のマジックが起きたのだ。音楽そのもののみならず、その音楽が醸し出す

「空気」、そして魂の深いところの「響き」に衝撃を受けた。それこそが「本物のジャズ」であり、ビルには本当に驚かされた。彼の繊細さは強さとか弱さとかを超えたところにあり、宙に浮いているようなタイム感覚は驚き以外の何物でもない。そう、私の目はこの信じられないようなピアニストに釘付けになっていたのだ。

その後まもなく、スコット・ラファロとポール・モチアンとのトリオの音源に出会う。なんと素晴らしい贈りものを作ってくれたのだろう。

ビルはいくつもの「鍵」を持っていて、それらは彼の凄まじい才能と魂の中に埋め込まれていた。この類まれな鍵は、聴く者の心の深いところにある扉を開け、超越した美、圧倒されるような痛み、そして自らの魂を見つけさせることができる。

ビルには大きな借りがあるとすぐに気づいた。決して完済できない借り。そして彼の作品をレコーディングし始める。彼がたった二本の手で行ったことを新たな形で再現するためには、アコースティック・ギター五本とアコースティック・ベース一本が必要だった。なんと愛情のこもった作品なのだろう。

ローリーの本でビルの人生を覗かせてもらうことができた。彼らが大切にした複雑で繊細な関係も。ローリーと私がまだ知り合う前の、実は私もいた場のことを回想しているのも不思議な気持ちになる。一回目はビルがヴィレッジ・ヴァンガードで「ナルディス」のとてつもないイントロを弾き、デイヴ・リーブマンと私が顎を外すくらい驚いた時だ。

二回目はビルの葬儀の時で、私はあまりにも動揺していて葬儀の参列者の中に入ることもできずほとんど柱の影に隠れていたのだが。

ローリーによる、彼らの人生についてのポエティックな描写を読めばよくわかるように、ビルは常に死を身近に感じ、生の脆さに気づいていたのだと思う。

薬物の濫用によって経験した激しい苦悩を、卓越した音楽の力で我々に体験させてくれる。愛の勝利、そして人生の素晴らしい官能性と本質的な悲劇として、つまり人生になくてはならないものとして。

四半世紀を経ても変わらぬもの——序章

ローリー・ヴァホーマン［2010年8月］

この本のアイデアは、1979年5月、ビルと五日間にわたって初めてデートをした時に思いついたものです。当時、私はアナイス・ニンの日記に感化されていて、ビルとの素晴らしい経験を書き記し始めたのでした。

二十五年が経って、最初のストーリー、ビルが天国へと旅立った1980年9月15日について書き始めました。どのストーリーも日記からの引用以外は私の記憶によるもので、すべて主観的なものです。

この年月を経ても真実と思うのは、この初めての恋の激しさです。まだ若い心に、凄まじく、人生を変えるような初めての経験と感動を与えた恋の強烈さ。

二十二歳の私は、心を揺さぶられるのを待っている柔らかい蝋のようなものでした。そしてビルは私の心を揺り動かしたのです。彼の優しさ、存在、情熱、神への深い理解、残酷で予測不能な世界に閉じ込められながらも自らを失わない強い力、それらのすべてをもって。

今もこうしたビルの姿に、そして、その姿と共にビルが創り上げた膨大で情熱的な人生のサウンドトラックに感動し続けているのです。

目次

ビル最期の日

ニューヨーク・シティ

1980年9月15日

この二週間、ビルは緑色だらけの自分の部屋で（控えめに言っても）へたばっている。ニュージャージー州フォートリーのセンチュリー・アヴェニューにあるホワイトマン・ハウス九階の部屋は、二年間分のタバコの燃え跡が銀河系のようになっていた。そこにある黄緑色の錦織のキングサイズベッドで大人しくしているのだ。

ここはビルの部屋。私たちはキングベッドをシェアしていた。彼は私の左側、私は彼の右側に。彼はうとうとするだけでちゃんとは寝ない。まだ寝るところを見たことがない。私がこの部屋に来てそろそろ六か月が経ち、色々なことを注意深く見ているというのに。ただここにいる。

常に死を感じる。この部屋には死の影があり、陽が出てコントラストが強くなるのを待っているかのようだ。私はビルを勇気づけるために好物のグレープフルーツを用意した。ここにいるのは簡単ではない。ビルが参加しているジム・ホールのアルバムをかけてみる。ビルはミッドタウンの新しいメタドン・クリニックを予約するためにベッドから起き上がった。ナイスワンダー医師が、彼に無断でメタドンの処方量を減らしたことが気に入らないのだ。

私はこの一週間、ビルのドラマーのジョー・ラバーベラをとても頼りにしている。ビルがファット・チューズデイズでのギグを休んでいる間、私たちと一緒にいてくれているのだ。ビルが私を助手席に乗せてイーストサイド・ハイウェイを運転している時に、地下道の脇から10センチもないようなところを急降下して衝突寸前になる事故があり、この週は別のピアニストがビルの代役を務めていた。あの時はたぶん誰かが運転して連れて帰ってくれたんだと思う。ジョーだったかもしれない。独りぼっちで困っていた私は、ジョーがいてくれて本当に助かっている。ビルを支えながらマルーン色のモンテカルロの後部座席に乗せ、ジョーと私が前に座って、ビルが道案内しながらジョーが運転してミッドタウンへと向かう。

信号待ちで美人を見かけて「もう本当に終わりかもしれないな。だって彼女を見ても何も感じないんだよ」と言うビルに私たちは笑う。またもやロープの手品だ。いったいどれだけこの世から離れて(まさに幽体離脱して)も、ここぞという瞬間に「バンッ!」という音と共に元に戻れるのだろう。

私は、この機会にビルのお金関係で思いついたことを言ってみた。

「ねえビル、メモリアル・コンサートを開いてお金を集めるのはどうかしら?」

「トリビュートだよね。だってまだ死んでないからね」と切り返すビルにジョーと私はさらに笑ったのだが、今度はビルが血を吐き始め、マウントサイナイ病院へと道案内する間も口から流れ出る血が止まらない。

「ジョー、クラクションを鳴らして周りに緊急事態だって知らせるんだ」

ビルがそうジョーに指示する間も、私は彼から目を離せずにいた。目には恐怖が宿っている。まだ終わっちゃダメ、私にはもっとあなたが必要なのと伝えたい。彼は言う「溺れてしまいそうだ」。人はこんなに血を失えるものなのか私にはわからない。まもなく緊急入口に到着し、ジョーと私はビルを支えて病院へと運び込む。至る所に血が飛び、待合室へと血の跡が続く。彼をエマージェンシー・ルームのベッドに横たえ、そこからは慌ただしく医師と看護師たちが引き継いだ。

私は待合室へと連れ出され、係員がビルの命の痕跡を拭き取るのを見ながら、最大級の警戒態勢を取っていた。

看護師が出てきて、気持ちを安らがせるような声で、ビルの容体は焼灼（しょうしゃく）が必要なだけの鼻血のようなものだと説明してくれる。

隣に座っていた女性が自分の夫も同じような経験があると細かく話し始めたが、彼女たちの言葉は耳に入らず、彼の流した血と私の膝の上にあった彼のジャケットのことを考えている。

ジョーが戻ってきてまもなく、若い男性医師から小さなオフィスへと招き入れられ、「彼を救えませんでした」と伝えられた。

私はジョーの方を見て言う。

「デジャヴだ、私はこの光景を知っているわ」

この瞬間から私は強度のアドレナリンショックの状態となり、ジョーは、ビルのマネージャーのヘレン・キーン、ベースプレイヤーのマーク・ジョンソンに電話をした。

誰も私にビルの遺体を見せてくれなかった。ビルは実は死んでいないんだ、どこかにちょっと逃げているだけなんだ、とその後何年も思うことになる。私にとっては、彼は本当は死んでいなかったのだから、ふたりの関係を続けることは簡単だった。

本当は死んでいない。

全然死んでいない。

私は決して去らなかったし、彼は永遠になったのだ。

キー・オブ・セックス

エドモントン　1975年

ネイビーブルーの紳士用靴下、トランクス型のパンツ、そして格子柄のフランネルの長い丈の部屋着の前をはだけた状態の父親が起きて待っていた。裏口からそっと入り照明も暗かったし、いるかもしれないと思って逃げる方法も考えていたのだが、今晩は私の腕をしっかり掴み、揺さぶり、誰とセックスしていたか問い詰めてきた。

彼の言葉に驚き、力づくで来られて油断をしてしまったのだ。

いつもなら母親が待っているのだが、今晩は違った。父親は私の答えを待とうとせず、逃げようとするとさらに強く握り、売春婦と呼び、地下室への階段へ突き落とす。幸いなことにまだ十分酔っていたので十三段の階段を優雅に転がり落ちて無事着地した。

翌朝シャワールームに行き、ドアを閉め、たっぷりの熱いお湯を出して、脱色剤のレモン・ゴー・ライトリーで少し色を明るくした髪を、濃い緑色でパインの香りがするハーバル・エッセンスのシャンプーでよく泡立てて洗った。目を閉じて顔をシャワーの方に上向け、生き返る。全部の汚れを洗い落として。

バーの閉店、車で送ってもらったこと、家の裏側の路地で降りたこと、そんな記憶を綺麗になった肌と髪の内側にしっかりとしまうことができた。シャワーから出てマットの上で顔を拭くと、シャワールームから湯気が飛び出してくる。その湿り気の中で息をし、タオルで曇った鏡を拭いて怪我の様子をチェックした。

頬骨と鼻の表面が、切れた毛細血管でひび割れている。時の流れ——色白の肌、アルコールとタバコ。こめかみまでブラシで上手く広げたファンデーションが割れ目を隠してくれる。

こうして一夜のモラル的破産から更生し、夜ごと両親に捕まっても、若く強い体は朝にはまた生まれ変わって学校へ行くのだ。

１９７０年代のセックス革命とうまく折り合いをつけられなかった私は、誰とでも寝るというパフォーマンス・アート的な行動に走った。そして１９５０年代から冷凍保存されてきたような両親の反応も相まって、高校時代、妊娠と中絶を繰り返し、隠し続けることになる。

家のかかりつけの医師に、ついには消化器官にできた潰瘍を抑えるためのバリウムを処方された。十代のホルモンバランスによる衝動と深い承認欲求を抱える私、セックスという悪を避け自分たちの評判を悪くしないように望む両親。私には両立させることはできなかった。

憧れの女友達

エドモントン　1977年7月

ストラスコナ・ホテルの明るいバーで、ひどいカナディアン・ドラフトビールの一杯目を飲んでいた。小さめのグラスで二杯飲んだうちの一杯目。これを飲むと妙な魔性女、そしてアート的奇行に走る私が出てくるのだ。

一杯飲んで、おしっこをしに女子トイレに行き、タバコを吸いながら鏡に映る自分にうっとりしていたら、二十代後半と思われる女性が同じことをしに入って来た。40年代デザインのレーヨンのぴったりしたグレーのジャケットを着ている。ドンピシャ私の好きな時代だ。

彼女の突き抜けてくるようなエネルギーと刺すような青い目の視線にやられ、気づいたら彼女のジャケットを着させてくれと頼んでいた。彼女はポーランド人風の「何言ってるの」という感じで吹き出しながらボッシュと名乗った。

ボッシュ。あまり聞かない名前だが、最近バンフで出会った、自殺未遂後のピュアで小さなユダヤ人の女の子からもこの名前を聞いていた。ボニーというこのユダヤ人の女の子は空っぽの冷蔵庫に六種類のマニキュアを入れているという娘だったけれど、とても親切でバンフで乗り換えする私を彼女のツインベッドのひとつに一週間滞在させてくれた。

彼女は、シカゴに住んでいたボーイフレンドをバイクの事故で失ってしまって薬で自殺を図ったのだ。どうやって薬を飲み、どうやって2ブロック先の病院のエマージェンシー・ルームに歩いていって絶望を救ってもらおうとしたかを、冷静に話してくれた。

数日の入院の後、ギフトショップのマネージャー職へ、つまり再び絶望へと戻されてしまっていた彼女は「ボッシュさえいてくれたら」「彼女ならどうすればいいか知っている」とため息混じりに何度も繰り返した。

ボッシュはウォータールーから来た精神科の看護師で、ホリー・ゴライトリー風に西の地方――ムーン・リバー川――をさすらい、世界を見に行こうとしているらしい。

私の驚きを想像してほしい。このストラスコナ・バー&ホテルの女子トイレで、その精神科の救世主とばったり出会うなんて。

「ボッシュ。ボニーがあなたを必死で探しているわ。彼女はボーイフレンドが死んでぼろぼろで、あなたならどうすればいいか知っていると思っているの」

ボッシュはまた吹き出し、誰かが何か答えを持っているという考えさえ小馬鹿にしているようだった(真の実存主義者だ)。

次のアドベンチャーは何なのか、そしてそこからどんなファッションが出てくるのか、ボッシュはそれ以外には生にも死にも何にも興味がなかった。ファッションとアドベンチャー。とても素敵に響き、私は彼女を家に誘った。

年上の経験を積んだ女性に憧れていた私は、彼女が私の両親を変えてくれるのではないかと思い、名前と電話番号を交換して計画を練ろうと思ったのだった。

9月にピクニックに行った時は、父親の馬鹿でかい青のシボレー製サバーバン・トラックで彼女をピックアップし、8トラックテープでデビッド・ボウイの『ロウ』とバーブラ・ストライサンドの『スター誕生』のサントラを聴きながらドライブした。私も、地下の部屋から出てきてボッシュもおしゃれをしていて、彼女は40年代風のマルーン色の水玉模様のドレスをノーブラで、私はカーキ色の自称パティ・ハースト・リベレーション・アーミー風ドレスだった。

両親の家（十九歳になっても私はまだ両親と住んでいた）に立ち寄った。誰も出てこなかったがピクニック・バスケットをピックアップし、この郊外での子供時代、私の秘密の場所だった綺麗に舗装された裏路地を、ドキドキしながら彼女に見てもらった。年上で経験を積んでいるボッシュことバーシア・パセック（バーシアはバーバラのポーランド語版）がノーブラで魅力的な足を組んだりやめたりする様は私にも良いヒントになった。

子供時代によく行った河原に座り、ワインを飲み、父親が庭で育てたトマトを食べた。太陽、小川、そして言葉に引き寄せられ、この女性の強さが生み出す世界へと泳ぎ出していくのだった。どんな感じだろう？

官能的で、そして自立するって。

私の学生時代

1977年9月

1977年の秋、グラント・マキュワン・コミュニティ・カレッジにミュージカル演劇専攻で入学したつもりだったのだが、不運なことに財政難で取り止めになり、モダンダンス、アート&デザイン、ジャズスタディの中から、モダンダンスを専攻、ジャズスタディを選択科目として選ぶことにした。

そこから一年間、マーサ・グレアム、イザドラ・ダンカン、チャーリー・パーカー、サークル・オブ・フィフスなどについて学び、『ウェスト・サイド物語』の曲「マリア」の中の音程を判別したり、チック・コリアの『ライト・アズ・ア・フェザー』にモダンダンスの振り付けをする勉強をすることになる。

ユークレイン・フラターナル・インスティテュート(父親に入れられた学生寮——父は理事だった)からダウンタウンの古いアパートメント・ビルの地下の部屋に引っ越した。1930年代から残るこの遺跡のような石造の三階建てのビルは、一時はメディカルクリニックだったようだが、今はエキセントリックな学生やミュージシャンや作家たちの根城となっている。

ダイアン・エラートという三十代前半の女性の管理人が、同じ大学のジャズ専攻の卒業生で学校のカフェに入居者募集の張り紙をしていたのだ。彼女の部屋は私の隣の黄色い部屋で、南向きの窓にかかっているカーテンも黄色で、視線の高さに駐車場があった。数か月後、彼女が上の階の部屋に移った時に私は元の彼女の部屋へ移り、コウモリの洞窟（バットケイブ）と名付ける。

彼女は昼は弁護士秘書として働き、夜は数ブロック離れたカクテルラウンジで週に何回かスタンダード中心にオリジナルも少し取り混ぜながらピアノを弾き、歌っていた。ボーイフレンドは学校でトロンボーンを教えているボブ・ストゥループで、他の講師らとライブをしている。

彼らはエドモントンのジャズ振興のためのレイルウェイ・ジャズ・ソサエティというＮＰＯもやっていて、ダイアンは秘書／会計係／財務係、ボブがブッキングとPRを担当。

私は毎晩のようにダウンタウン中のカクテルラウンジで生のジャズを聴き、ジャズ・スタンダードを好きになることを、そして恋に落ちることを知った。

学校のカフェテリア中心にたくさんのミュージシャンとも出会う。

そのうちのひとりがジェフ・スタインというニューヨークから来たマクロビオティックのユダヤ系サックスプレイヤーで、彼をアパートに誘ってマクロビオティック料理の作り方を教えてもらったりもした。色んな野菜はそれぞれ違う波長を持っていて、調理の際は根、茎、葉っぱの順に入れないといけないと丁寧に教えてくれ、彼の料理は本当に素晴らしかった。

夕食の後、自分は作家志望だと話したところ、彼も作家志望だったのだが、ブルックリンの高校教師に「電動プッシーは芸術じゃない」と言われて断念したらしい。

でも私はアナイス・ニンを読んでいたし、この教師の言っていることは間違いだとわかる。これがきっかけで彼と仲良くなり、とある小説を貸してくれた。マンハッタンのローワー・イーストサイドの廃墟となったビル群に住むクレイジーなヒッピーが、自ら「ラヴ・コーラス」と名付けた十三歳の女の子たちのコーラスグループを指揮する話だ。

このウィリアム・コッツウィンクルの『バドディーズ大先生のラヴ・コーラス(The Fan Man)』のおかげで私もまた書き始め、どこに行くにもリーガルパッドを持っていくようになった。

カウンターカルチャー

1977年9月

グラント・マキュワンのスクールカフェでソーセージロールを買ってあげた。ジミヘンみたいな後光がさす縮れた赤毛の下のグレーのスウェットには「ヌードル」と書いてある。いったいどんなヌードルなんだろう。十八歳のスティーヴン・ドレイクは、フラッシュ・ランディングというマリファナ好きのロックバンドの最年少メンバーとしてエドモントンにやって来た。

ストラスコナ・ホテルのバーでビールを奢ろうとしたら（ボッシュはハワイに引っ越していた）、バンドリーダーの女性リードシンガー、アンドレアと現れた。アンドレアは彼らのコミューンの末端を構成する多くのシングルマザーたちのひとりでもあった。

彼女はドラマーのジェリーと恋愛関係にあり、ジェリーの奥さんはバンドのオフィシャル・カメラマン（彼女はベースのマークと寝ている）。

誰もが何らかの役割を持っているようで、お茶目な大麻栽培担当のゴームは子守りとライブの照明係も兼ね、アマゾネスなポーランド美人のバーブは、バンド用のサテンの衣装を縫いながらライブではダンサーにもなり、リズムギター担当はサマーハウスを提供（ブリティッシュコロンビア・インテリアのクートニー・エリアにあるジョンソンズ・ランディング）、炊事は皆で交代して担当していた。

ストラスでのビールの後、バスで一緒に彼らの家に行くことにした。アンドレアは寝て、スティーヴンは自家栽培の大麻を勧めてくれる。

スティーヴンの寝場所は、出窓エリアにおいたフォームマットの上の寝袋で、ステレオの隣だった。

ラルフ・タウナーの十二弦にヤン・ガルバレクのサックスがもの悲しく絡む「ソルスティス」を聴き、荒れた唇でキスを交わし、エドモントンの9月に冬が訪れる。生涯にわたる愛を強く感じ

「とても長い間、友人でいることになると思うわ」と伝える。

一晩中固く抱き合い、愛撫し、最初の夜は最後までずることなく過ごした。朝になって手早く服を着た。何人かのヒッピーはちょっと驚き、子供たちは学校へと向かう。

そう、この1977年秋のスティーヴン・ドレイクとラルフ・タウナーの奇跡から始まり、ロックンロール、ローリング・ストーンズ、ドラッグ、60年代、トムとサリー、タジ・マハール、デニス・ホッパー、ルー・アドラー、ジャズ、そしてフリーラヴを発見していくのだった。

チャンピオンたちの朝食

1978年6月

学年が終わって、夏の間スティーヴンのバンドがクートニーに戻ってきた。ダイアン・エラートからはニューヨークに二週間一緒に遊びに行こうと誘われ、アパートのすぐ近くのホリデイ・インで朝食時のヘルプのアルバイトをしてお金を貯めることにする。

ホリデイ・インだっていうのも悪くない。カート・ヴォネガットの『チャンピオンたちの朝食』を読んで以来、登場人物である悪名高きSF作家のキルゴア・トラウトにどこかのホリデイ・インで遭遇できるのではと思い込んでいるのだ。そう、作家コンベンションでとあるホリデイ・インのバーに、素足を変なケミカル・プラスティックでコーティングして入って来たキルゴア。無難なファミリースタイルのホテルとの秀逸な対比であり偶像破壊だ。

このホリデイ・インには特徴あるキャラクターはそんなにいなかったが、ある朝他のウェイトレスが誰も来なくて私ひとりで朝食をすべて捌かねばならなくなった時は、アドリブのスキルを鍛えられた。

数週間働いてチケット代を貯め、両方の仕事先に休みの知らせをした。そしてニューヨークのミュージアム、カフェ、ジャズクラブ等々に何を着ていこうかずっと考えている。

ダイアンにこの辺のアドバイスをもらおうと電話したら、なんと彼女はサンフランシスコにいるではないか。

ニューヨーク行きはキャンセルしたと言い、理由はどうしても言おうとしない。きっと男関係のトラブルがあったのだろう。彼女のボーイフレンド、ボブ・ストロウプはまだ結婚していたわけだし。たとえ、奥さんはエドモントンにはいなくて、彼とも彼らの子供とも一緒に住んでいないとしても。

いずれにせよ私がこの旅をやめるわけはなく、ひとりでニューヨークに行くことにした。

憧れのニューヨーク

１９７８年７月

灼熱のニューヨークは、渋滞の音、ゴミの匂い、外国語訛り、黒人、ダイヤモンドで舗装された歩道などに溢れ、70年代終わりの輝きに満ちている。

空港に着いたが泊まるあてはない。ガヤガヤとした湿度の高い夜、人々は皆私を品定めして弱みに付け込もうとしているように思え、ひとりでいるのが恐ろしい。

綺麗な身なりのアフリカ人ふたりにタクシーをシェアしようと声をかけマンハッタンへと向かう。彼らはピックウィック・アームズ・ホテルを予約していて、私もそれに倣うことにした。若くてヒップな黒人のタクシードライバーは大麻を勧めてきて、アフリカ人たちはとても喜び、不安なのがバレないように願いつつ私も加わった。結局のところ私は若くて綺麗だし、同じようにヒップになれるのだ。

部屋を二週間押さえ、代金は３１０ドル。それぞれ部屋に荷物を入れて夜の街へと繰り出した。アスファルトジャングル、深夜営業のダイナー、ディスコ、ゲイ、二十四時間営業のコーナーストア、ストリートライト。舗装が足の下で膨れ上がるようだ。この街の熱気にやられているということなのだろう。私の乾いた草原みたいな心はどこかに持ち去られ、ニューヨーク・シティというカルチャーの渦の中に投げ込まれたのだ。

運命の場所

私の部屋はとても暑かったが、寝ている間に窓を開けておくのは嫌だったので、通りの音を聞きながらベッドの上に寝ることにする。筋肉ひとつ動かすことさえできない。マース・カニンガム・スタジオでの二日間におよぶダンスレッスンで完璧に疲れ果てた私は、これが一時的なものだと信じたかった。

このホテルの人たちは皆とてもフレンドリーで、ベルボーイのひとりは、明日休みだからロングアイランドのビーチに遊びに行こうと誘ってくれたが、本当に動けなかったので断った。

このホテルには住んでいる人たちもいるのだけど、そのうちのひとりは去年マンハッタンで撮影された『キング・オブ・ジプシー』に出演していた俳優で、ヴィレッジにある彼が通ったアクティングスクールについて色々話してくれた。H・B・スタジオという素晴らしい俳優たちが通ったところで、私さえ良ければ私を連れて行って案内してくれると言う。

私はヴィレッジが大好き。歩道沿いのテラス席でアメリカンシガレットを吸いながらエスプレッソを啜ったり。お気に入りはブリーカー・ストリート・カフェ。学校は素晴らしくて、授業料もそんなに高くはなく、このクリエイティブな環境で自分が花開いていく姿が想像できる。必ずニューヨークに戻ってきてこのアクティングスクールに通う。両親を説得するのに三週間ある。ニューヨークは私の運命なのだ。

エドモントンに戻り、ちょうどハワイから帰ってきたボッシュとも会うことができた。彼女に私のアパートを一年間サブレットすることを提案し、マンハッタンの学校に必要なお金を集め始めた。

私の導師でもある父方の祖母は３００ドルの小切手をくれ、父は盛大な送別会を開いてキャッシュで数百ドルくれた。

ニューヨークへの片道切符を１２０ドルで買い、学費と生活費として３８０ドルが残った。

ニューヨークでの挫折

ニューヨーク・シティ　1978年9〜11月

最初の一週間はミッドタウンにある新しい友人の家に泊まるはずだったのだが、エドモントン出発前夜に電話があり、彼のガールフレンドがイギリスから予定より早く戻ってくることになり泊められなくなったと言う。彼とは恋愛関係ではないと思っていたし、私には何が問題なのかわからなかった。本当に泊まるところがないんだと言ったらわかってくれ、結局彼女と一緒に空港で待っていてくれたのだ。

彼女はとても良い人で、一流広告代理店で新しい仕事に就く夫をサポートするために、しぶしぶながらもイギリスから母国に帰ってきた背の高いジャーナリストだ。彼は背が小さくて色黒のとてもハンサムなイギリス育ちのフランス人。リビングルームのソファに数晩泊めてもらってからいよいよビッグ・アップルでの戦いに身を投じる。

到着の翌日、お気に入りのカフェ・ヴィア・ヴェネトで働けないか聞いたところ、一日10ドル＋チップでオーナーのアンソニー・ラビットからその場で採用をもらった。

次にピックウィック・アームズの俳優友達を訪ねてみたら変わらず住んでいて、2メーター40センチ×3メーターの部屋の床に置いてあるゲスト用のマットレスで寝ていいよと言ってくれる。彼との間にはセクシュアルな雰囲気はないとわかっていたのでありがたくそうさせてもらうことにする。彼はゲイディスコシーンに入り浸るのが好きな酔っ払いだ。

H・B・スタジオではシーンスタディとアクティングテクニックのふたつのコースに登録した。最初のクラスの日に、先生が学生全員になぜアクティングスクールに来ようと思ったかを聞き、ブロードウェイに出たいからと言う者や演劇の美学について語る者までいたのだが、私はそれまで考えたこともなかったセリフを思わず口にしていた。

「どうやればリアルな自分でいられるかを学びたくて、アクティングスクールに来ました」

シーンスタディのクラスでは興味深い女性ふたりと組むことになった。ひとりはアッパー・イーストサイドでベビーシッターをしていて、彼女のおかげでマンハッタンのその地域にも目を向けることになる。お金持ちが小綺麗な高層階の部屋に住む地域。もうひとりはバーモントから来たしなやかな感じのヒッピーの女の子で、両親が用意したアッパー・ウエストサイドの女性専用ホテルに住んでいた。三人で一緒にアパートを借りようと思って、学校のすぐ近くにあるバンクストリートの物件を見た。家賃も月４００ドルでリーズナブルだったのだけど、誰ひとり定期的な収入がなかったので諦めたのだった。

刺激的な生活を送りつつ、学校にもできるだけ行った。謎の専門店、街中の公園、カフェ、ギャラリー、どこにでも歩いて行き、個性的でまた新たな世界に案内してくれるような刺激的な人たちにもたくさん出会った。

そのうちのひとりは(飼っている猿に噛まれて)萎びた手をした彫刻家で、ジョフリー・バレーの会計士でもあった。ミッドタウンのイースト52丁目にあるブラウンストーン造りのビルの五階にスタジオを持っていて、そこの床置きの簡易ベッドを提供してくれることにカフェ・ヴィア・ヴェネトでウェイトレスをしている時に出会った人で、そこには数週間泊めてもらった。それはボッシュに貸していたエドモントンのアパートへの電話代が結構な額になるのに十分な期間でもあった。八百万人分の物語がある街に、お金もなくひとり彷徨うのが怖かった私にとってボッシュはライフラインであり、自分で始めたことなんだから頑張りなさいと励ましをくれる人だった(彼女にとってはゲシュタルト・セラピーのトレーニングにもなっていたのだが)。でも結局、ニューヨークで色々な人たちの話を書き留めていこうと頑張った十週間は終わりにして、ビッグ・アップルを去ってどこか他の場所でこの人類学的な研究を続けることにした。

故郷へ帰る

エドモントンでは冬が始まり、ボッシュとの新たな関係も始まった。私は一番早いフライトでアパートに戻ってボッシュを驚かせたのだけど、彼女はすぐに私をバスルームに連れて行き、空港に迎えに来てくれた弟は部屋にひとり取り残された。ボッシュから私のボーイフレンドのスティーヴンを奪ってしまったと告白され、彼女がスティーヴンと食事をする話を電話で楽しい驚きとして聞いていたとはいえ、かなりのショックだった。

罪の意識から解放されたいボッシュは、私にスティーヴンとよりを戻してほしいと頼み込んできたけれど、私はひたすら混乱していた。

それでも愛する彼女に怒りを覚えるわけはなく、矛先はスティーヴンに向き、弟に町の北のほうにあるスティーヴンの家まで送らせることにした。

彼は暗くした自分の部屋の床の上のマットレスで寝っ転びながら私を待っていた。

私の怒りが十分に冷め、彼のためにジューシーでウェットになるように待っていた。そして私たちはセックスする。長くて激しくてふたりで絶頂に達するようなセックス。

数日後ボッシュはハワイへと逃げ、私はといえばニューヨークでアクター、ダンサー、ウェイトレスとして何もできずに失敗して戻ってきた事実に打ちのめされていた。

スティーヴンと私の関係はオープンなものになっている。私はニューヨークで男とも女ともセックスしたし、もうお互いの感情を消化する必要もないし、新しいアパートの鍵を渡さなきゃという気持ちも湧いてこない。

ビル・エヴァンスとの出会い

1979年4月

エドモントン

この4月のエドモントンは恐ろしく寒く、雪が砂や塩や草原からの砂利と混ざってうず高く積もっている。あまりに寒いのでクラブへはバスでなくタクシーで行くことにする。セーターを重ね着してみたけれど、どうもしっくりこない。冬用のコートは11月にマンハッタンのクリーニング屋に出したきりなのだ。

97丁目のメイフラワー・レストランに着き、黒くて長いドレスに着替えてカクテルをサーブしようとしている。このドレスはザ・ベイ・デパートの10ドルコーナーで買ったのだけど、ストラップが片方なかったので、ちょっとお裁縫をしてホルタースタイルにしてみた。これが私のお裁縫の限界。

レイルタウン・ジャズ・ソサエティがこの元教会のディスコ／チャイニーズ・レストランでビル・エヴァンス・トリオのライブを企画していて、私はボランティアとして手伝っているのだ。ここに来るのは初めてで、この奇妙な寄せ集めのような場所に驚いてしまう。

ベンチと椅子があるコーラス隊用のロフト席が壁の三方にあり、下の方には元の教会では説教台があったであろう場所に、キラキラした銀色のディスコフロアとそれを区切るテーブルと椅子がある。フロアの奥にはピアノ、ベース、ドラムの上に、戦闘機のレプリカが不気味に吊られている。なかなか変なところだ。

開演時間になり入ってきた人たちは、この奇妙な場所をどう理解したものかと戸惑いつつもまずは席取りに走り、あっという間に会場は埋まっていく。

コーラスロフトの席に座っている人たちの所を通るのはほぼ不可能で、お金を払ってもらったかどうか追っかけるのは難しい。演奏が始まると緊張が会場を支配する。グラント・マキュアン・コミュニティ・カレッジ時代の知り合いの学生と講師陣も大勢来ている。彼女がいない若くてメガネをかけたオタクと、彼女がいないメガネをかけたちょっと歳が行った人たち。お金をたくさん使う人たちはいない。間違いなくカレッジの連中だ。

この音楽がもたらす緊張感と魔法は衝撃的ですらある。皆あまりに音楽に気が行っているので、私が席に近づいても無視されるし、できるだけ静かでいるしかない。話しかけようものなら嫌な目で見られ、まるで彼らの心の邪魔をしているかのように感じてしまう。

初めてビル・エヴァンスを聴いたのは、ダイアン・エラートの留守番をしていて、スティーヴン・ドレイクが大麻とアシッドを持ってきた時だった。アシッドが彼のお気に入り。彼の最高にクールなハリウッド／ヒッピーの両親トムとサリーから、スローカン・バレーでのホームスクーリングの時に教わってハマったそうだ。脚本家のトムと元女優・子役のサリーは、三人の息子の一番上であるスティーヴンが十歳の時にタパンガ・キャニオンに見切りをつけて、ブリティッシュコロンビア・インテリアにある小さな農場に引っ越してきた。数か月前に彼らがスティーヴンを訪ねてエドモントンに来た時に初めて会い、そこで全員でアシッドをやって映画館に『スーパーマン』を観に行った。その日は激しく雪が降っていてトリップ向きだったのだが、警官に車を止められてしまう。でもトムが「ちょっと家族でドライブしているんです」と冷静に言ってのけるのには本当に驚いた。アシッドを決めながらあんなに平静でいられるなんて。

ダイアンは素晴らしいレコードコレクションを持っているので、スティーヴンと私は部屋にいて音楽を聴くことにした。彼はマイルス・デイヴィスの『カインド・オブ・ブルー』というレコードをかけ、ビル・エヴァンスが極端に音数の少ないピアノを弾いていた。スティーヴン・ドレイクとアシッドをやっていたこの時、初めてビルの演奏を聴いたのだった。

今晩トリオが演奏した曲で一曲だけ知っている曲があったが『カインド・オブ・ブルー』でのメロディックなものとは全然違う。その曲はテレビドラマ『M＊A＊S＊H』の主題歌で「もしも、あの世にゆけたら（Suicide is Painless）」。昔、家族と見ていたドラマだ。ジャズプレイヤーがそんな誰もが知っているような曲をカヴァーするのかと驚く。そして私は音楽を聴くのをやめ、その場の光景に引き込まれる。ツイードのジャケットに色付きメガネの控えめな男がピアノに優しく覆い被さって、不気味な青いスポットライトに照らされている光景に。彼はヴィンテージ戦闘機の下のディスコフロアの中央で熱い視線を浴び、ベースプレイヤーは目を閉じて集中し、ドラマーの顔は光に浮かび上がっている。

ショーが終わって売上の精算をしようとしたら、チャイニーズのバーテンダー兼オーナーが50ドル足りないと言う。どうしてそんなことになってしまったのか全然わからず完璧にへこんでしまった。もう泣きたい、50ドルの持ち合わせもないし、必死でタダ働きしたことになってしまうし。

なんてことだ。

こんなことの後にビル・エヴァンスに会うことになった。彼は、ボブ・ストゥループやレイルタウン・ジャズ・ソサエティの他のメンバーたちのテーブルに、私に背中を向けて座っていたが「何かお持ちしましょうか」と聞く私の声に振り返る。

私は若くて、引き締まったダンサーの体を持っている――心の中には逃げ出したいという夢を強く持っている。

エドモントンから逃げ出すこと――日常から逃げ出すこと――退屈という鈍い罠から逃げ出すこと。

「今必要なものは揃っているけれど、後で時間ありますか?」と彼は聞いてくる。何か話したいことがあるというのだ。

うーん……いったい私に何を話したいんだろう？　たぶん何かドラッグが欲しいんだろう。私の友達のほとんどはミュージシャンだけど、彼らはいつも何かドラッグを探している。

テーブルを離れてチャイニーズのバーテンダーとの話をつけに行く。話はヒートアップしたが、結局私は友人から借りた50ドルで彼の言い分の不足額を払うことになった。

クラブはほとんど空っぽになり、ビル・エヴァンスが入り口付近でワーナー・ブラザースが送ってきた宣伝素材をチェックしながら待っているのが見える。クインテットでの最新アルバム『クロスカレント』のポスターもある。私が行くと、アルバムジャケットがいかに中身の音楽を表していないか、音楽と音楽ビジネスがどんなに乖離してしまっているかと話し始めた。

彼のような存在感を持つ人間の周りで、融合すべき何かが乖離してしまうなんてあり得るのだろうか？　そんなことを考えながら私は青くうねる波のアルバムジャケットを見ていた。

「これは音楽となんの関係もないんだ」と私の考えを見透かすように言う。

「そうなんですね」実は彼の言っていることを理解できていない私は、この変なコンサート会場でウェイトレスをした、このクレイジーな夜の話に切り替える。

彼は厚いグレーのコートを着て、ペルシア風のウールの帽子を被り、背が高くて生真面目、すごくロシア人っぽく、そして私の父に似ているけれど、ただ、彼は注意深く私の話を聞いてくれる。

そして彼は言う。

「君とぜひ一緒にいたいんだ。明日カルガリーに発つんだけど、今晩ちょっと私のホテルに来ませんか?」

わお、これはすごい。スティーヴンにも声をかけなきゃ。ビル・エヴァンスと一緒にいられるなんて彼も喜ぶに決まっている。

「いいですね。ボーイフレンドも連れて行っていいですか? 彼もあなたの大ファンなんです」

彼は薄ら笑いを浮かべ「いや、そういう意味じゃないんだけど」

彼の提案と私の反応の両方がすごく恥ずかしくなり、すぐに話題を変え、彼が探しているもの(コカイン)が私のアパートにあるかもしれないと伝える。

プロモーターが車で私の空っぽのアパート(椅子が一個、ティーカップが数個、床に置いたマットレスが一個)まで車で送ってくれ、慌ただしくファンたち(私のボーイフレンド的なスティーヴンを含むジャズ・ソサエティーのメンバー)も入ってくる。ビルはペプシが欲しいと言ったけれどなかったので紅茶を入れた。ファンたちは彼を質問攻めにし、私は床板を剥がして、友達のドラッグディーラーが普段隠しているコカインを取り出す。

大した量ではなく、特に彼にとっては少なかったと思うが感謝され、電話してくれと、自宅の電話番号を裏に書いたマネージャーの名刺を渡された。

helen keane
ARTISTS MANAGEMENT

(212) 722-2921

49 EAST 96TH STREET
NEW YORK, N. Y. 10028

Lori—
You seem
very special to
me—

Bill (Evans)
9A
1600 Center Ave.
Fort Lee, N.J.
07024
(201) 944-0241

ローリー

君はとても素敵だ。

ビル(エヴァンス)

9A
1600 Center Ave.
Fort Lee, N.J.
07024
(201) 944-0241

Laurey —

I wish we had had a few minutes together — anyhow if you can turn me on to "C" — I can try to make up for the cheap bastards you waited on — a little

If you would like to visit me for a few days, please call and I'll arrange it.

Love —

B.

ローリー

数分でもふたりで居られたら良かったのに。
いずれにせよ、君は「C」を用意してくれたのだから
やつらに給仕した分を埋め合わせできればと思う。少ないけれど。

もしこちらに数日来られるようだったら電話をください。手配はするので。

Love
B.

4/26/79
Phoenix - enroute
to Tucson

Laurence -

Thank you for the lovely note and ~~and~~ a most interesting quote from Sartre. It came at a time when it was most welcome since I lost my brother last Friday - my only brother and to whom I was closer than even my parents. He was two years older and led me into sports, music, jazz and in general was a model and hero to me. He was an educator who built the 164 schools of Baton Rouge, La. into a music system ahead of its time and dedicated to ideals far above the "football marching band" that epitomizes many schools depts of music.

It was a great shock and I received your note upon my return from Baton Rouge! If we see each other I will tell you more.

1979.4.26

フェニックスからツーソンへ向かいつつ

ローレンス

素敵な手紙と、サルトルのとても興味深い言葉をありがとう。実は、先週の金曜日にたったひとりの兄を亡くしたところで、あなたからの手紙はとてもありがたいタイミングで届きました。二歳年上の兄は両親よりも身近な存在で、私をスポーツや音楽、ジャズに導いてくれ、すべてにおいて私のモデルでありヒーローだったのです。教育者だった兄は、多くの学校の音楽活動にありがちな単なる「フットボール・マーチングバンド」とは違う、はるかに優れた考えに身を捧げ、ルイジアナ州バトンルージュの164校に、時代に先駆けた音楽システムを構築したのです。

大変なショックでしたが、ちょうどバトンルージュから戻ってきてあなたからの手紙を受け取りました。また会えたら、もっと話します。

II

Meanwhile the invitation is open.
The weather is good in N.Y. at this time
of year. I will be free the latter part
of May (plane vibrating) either off or
working in N.Y.C. (1 wk. at the Village
Vanguard the 29th). I believe much of
June is free also. So if you would
like to spend a few days with me —
I would love it. Just call and I'll
arrange your tickets.

We are arriving Tucson
in 1 hr. to do 1 concert and then
workshops in schools and colleges
until next Thursday.

Hope to hear from you
even if only to talk.

Love —

Bill

II
そんな中、お誘いです。この時期のニューヨークの天気は最高ですが、5月の後半(予定はまだふらふらしているけれど)は休みかニューヨークで仕事(29日はヴィレッジ・ヴァンガードでライブ)なので時間があります。6月もほとんど空いているはず。もし数日間でも一緒に過ごせるようなら、ぜひ来てください。来られるようであれば、チケットは手配します。

あと一時間でツーソンに到着し、来週の木曜日まで高校や大学でコンサートを一回とワークショップを三回する予定です。

話をするだけでもいいし、連絡待っています。

愛を込めて
ビル

彼は早めに退散し、出口で立ち止まって改めて「ありがとう」と言い、屈んで私の頬にキスをした。私が背伸びをして思いっきり彼をハグし、彼はとても驚いていた。

数日後に初めての手紙をもらったのだが、そこには私がウェイトレスをした連中(ビルのファンたち!)のために被った損の埋め合わせ用の50ドル札が入っていたのだった。

ビルへの返信

彼の手紙には私のヒーロー、ジャン・ポール・サルトルのこの言葉を引用した——「わがままを言えば、同じくわがままな人に好かれる。隣人を八つ裂きにすれば、他の隣人が笑ってくれる。しかし、自分の魂を叩けば、すべての魂が泣き叫ぶだろう」。彼の演奏が私にとってどんなに深淵な体験であったか、彼の音楽がどれだけ深く私の心に触れたかを伝えたかったのだ。でも本当に私の心に触れたものは、音楽ではなく彼そのものだったということはその時すでにわかっていた。それは今も変わらない。

ビルが私からの手紙を受け取ったのは、バトンルージュでの彼の兄ハリーの葬儀から戻った翌日だった。彼からの返信には、ハリーの死についてではなく、彼らがどれくらい近い関係だったか、ハリーがいかにビルをスポーツと音楽に導いていったかが書かれていた。

大事な人を失った悲しみや、弱っている様を想像するのは難しくなかった。そして彼のような大人が、私のような若くて経験もない誰かにこんなことを打ち明けるのにも驚き、そのとても個人的な手紙へどう返信しようかと悩んだ。

結局、私はもらった名刺の裏にあった電話番号に電話することにした。彼が出たとしても、いったい私は話ができるのかととてもナーバスになりながら。何回か掛けたが留守番電話になっていたので切り、そういえば彼には奥さんがいるのだろうかとも思った。

再びニューヨークへ

結局、世の中を私よりわかっている誰かのアドバイスをもらうことにし、ボッシュに相談した。彼女はちょうどハワイから帰ってきて、私のリビングルームの両親から借りたローラー付きのベッドに寝泊まりしていたのも好都合だった。

日焼けして肌がガサガサになっているボッシュは身を乗り出し、背筋を伸ばして手を膝の上に置いている。彼女の刺すような青い目が集中力を感じさせる。彼女が実際のクライアントの前でこの姿勢を取るところを想像すると、本当にプロフェッショナルな感じがする。私はセラピーに行ったことはないし、これはとても大人なことに思えた。色々と話し、何かについて複数の視点を持つこと。

「何を一番恐れているの？」彼女が聞く。

うーん……私は何を恐れているのだろう？

そして私は誰にも打ち明けたことがないことを口にする。

「セックスするのが怖いの」と静かに。

ボッシュは細く書かれた眉を上げて笑う。

「ニューヨークまで行って、彼に肉体的に惹かれなかったらどうしよう？　彼とセックスしたいと思わなかったらどうしよう？　ニューヨークまで行くのは結構な旅だけれど、彼が変質者だったらどうしよう？」

「うーん、彼の手は大きい？　とかそんな感じのこと」

「それでペニスのサイズがわかるのよ。手と足のサイズで」とボッシュは言う。

これには戸惑う。男をペニスのサイズで判断するというのには慣れていない。

「手は大きいと思うわ。柔らかくて。言葉で言うのは難しいけれど」と私は言う。

アパートでビルに紅茶を出した時の手を思い出そうとするけれど、思い出せるのは彼の緊張感と、そして緊張感を抑えて蓄えておけること。どれだけ大人に思えたことか。あれほど保守的な男に肉体的に惹かれるだろうか。

「わからない、セックスのことだけじゃないのよ」私は言う。彼とセックスする、しないは実は本当の問題じゃない。セックスはいずれにせよするだろう。だってそれは人生で早いうちに学んだ自分なりのサバイバル・テクニックのひとつだから。およそどんなに不快な状況でもなんとかセックスで切り抜けてきたのだ。

「彼は違うのよ」私は言う。「だってビル・エヴァンスなのよ。どこかのバーで引っ掛けたその辺の男とは違う」

この男は私の表向きの顔や偽りの自慢を見抜くことができるに違いないし、それは私にとって恐ろしいことなのだ。これまで三十五人の男とセックスしたけれど、それはただのセックスだったことを彼女も知っている。一度も会ったことのない誰かとするセックス、そして二度と会うことがないように願ってするセックス。

「彼のような男とセックスするのが怖いんだと思う。彼のような男がなんで私みたいな女に興味があるのかってこと」

「やりたいだけかもしれないし、そうじゃないかもしれない。見極めるチャンスを逃すつもり？」と彼女はまるまる一分間くらい私を見つめた。「ローリー、彼はビル・エヴァンスよ。こんな機会は次いつ来ると思っているの？」

ニューヨークへの旅が何か違うものになる気がし始め、少し自信が出てきた。アパートでビルの名刺をもらった時に彼がニュージャージーに住んでいることに気づき、色々話したことを思い出す。去年の秋にニューヨークに行った時のことをすべて。H・B・アクティング・スタジオのこと、ホームレスになったこと、ミッドタウンのイタリアンカフェで一日10ドルで働いたこと、あのハイペースな街でやっていくのがいかに大変だったかということ、ニューヨークは私を叩きのめして、たった三か月で追い払われたこと。彼は、私がニューヨークに来ることがあったらいつでも頼ってくれていいんだよと言ってくれた。「私に頼っていいんだよ、ベイビー」と彼は私に言った。「私に頼っていいんだよ」と。

もしかしたら、彼は良いってなのかもしれない。居場所を見つけるために不安になったり頑張ったりせず、ニューヨークへと戻る方法なのかもしれない。

もしかしたら、彼は本当に私のことが好きなのかもしれない。本当に話を聞いてくれる人なのかもしれない。それがほんのわずかな時間だとしても、そのわずかな時間は私の中に新しい次元、たぶん自尊心のようなものを形作ってくれる。

その晩、勇気を振り絞って彼に電話をした。彼はそれを予期し、待っていてくれ、私のために準備してくれていた。翌日にはニューヨークへの旅を手配してくれたのだった。

ジョン・F・ケネディ空港――ビルとの再会

１９７９年５月25日
ニューヨーク・シティ

彼を認識できるかどうか不安な中、父の世代が好みそうな１９４０年代風の格好でＪＦＫ空港に降り立った。長いプリーツのスカート、プラットフォームシューズ、上品な白いブラウスにツイードのジャケットで。

彼のことはすぐにわかったし、あのおかしなつま先立ちの歩き方は今でも忘れていない。彼は、彼が思うところの１９７０年代の二十二歳の女性が期待するような格好をしていた。ビニールのジャケット、カラフルなポリエステルのシャツ、フレアジーンズ。

私の手から子供サイズの赤いサムソナイトのスーツケースを掴み、身を傾けて私の頬にキスをした。白髪の胸元には、シルバーとターコイズブルーのクマの足のお守りが付いた、銀のチェーンがぶら下がっていて、私生活ではより小柄でより若く、そして体が弱そうに見える。空軍風のサングラスで彼の目は見えないけれど、彼はすぐに「徹夜だったんだ」と言った。

フォートリーにあるＡ＆Ｐという二十四時間営業のスーパーマーケットに立ち寄って買い出しをした（彼にはホットドッグ、ペプシとタバコ。私にはソーダ水）。周りの人たちは私のことを彼の娘だと思っているんだろうな、とレジに並びながら考える。これはちょっと刺激的だ。なんか上手くやれている感じ。すべてが見かけ通りだと思ったら間違いだよ、ってことなのだから。

ビルのアパートで

彼の部屋はとても綺麗で、細長いキッチンにはパン粉ひとつ落ちていない。そのキッチンでは、卵一個で完璧なオムレツを作る方法や、チョック・フル・オブ・ナッツのコーヒーの淹れ方を見せてもらうことになる。汚れひとつない冷蔵庫には、彼が好きなペプシの缶が数本とA＆Pで私に買ってくれたクラブソーダのボトルが入っている。

リビングルームはすべてが広々としていて、落ち着いていて、整然としている。新聞が散乱しているわけでもなく、灰皿が溢れているわけでもなく、何かやりかけが積み重なっているわけでもない。この部屋にあるものすべてが秩序と機能を持って整っているようだ。

禅的なシュルレアリズムの雰囲気――白い壁、整頓された本棚、丁寧に並べられた美術品など――がチッカリングのベビーグランドピアノの周りを囲っている。ピアノだけが生活感を漂わせていて、擦り切れたパッド付きのベンチの片側には楽譜が置かれ、もう片側にはスタンドに置いた灰皿が。ここそが彼の住まいなのだ。

寝室も見せてくれた。緑色だらけの部屋だ。カーテンはなく、ロールダウン式のシェードで覆われた一枚の窓がある。スパニッシュモダンの家具。

雑誌の紙で綺麗に包んだ1グラムのコカインを「ここにいる間の君用のだよ」と言って、黄緑色のベッドカバーの上を滑らせて私に渡した。

私は彼の包容力に感動しつつ、丁重に受け取った。この高価な贈り物を慎重に開け、白い粉を指先に少し取って、火のついていないタバコの先に付けてみる。

彼は同じ雑誌の裏表紙にコカインを何列か並べ、丸めた1ドル札を使ってゆっくりと一列ずつ鼻から吸い込んでいく。

私はタバコに火をつけ深く吸い込む。燃えるコカインとタバコが引き起こすクールな化学的衝撃が喉の奥に伝わり、背骨を滑り落ち、心を麻痺させ、体を解放する。

私たちがどんな化学反応を起こすのか見当もつかない。彼の手が私の手に触れ、視線がもつれる。私はコカインで少しハイになり、彼の目は眼鏡を外したことで少し大きく見える。彼の静かな自信に引き込まれていく。

彼は服を脱ぎ始め、月面のように傷だらけででこぼこのある、青白い細い足が見える。彼の体を初めて見た。こんな傷跡は見たことがない。ふくらはぎの半ばまである長さのドレスソックスは、トランクス型のパンツを履いて立つ父を思い出させた。

彼の表情には恥じらいも後悔もなく、自分がどうしてこのような傷を負ったかではなく、古い傷だからもう痛くないのだと説明する。

彼の手が私の体を探り始め、彼のタッチの繊細さに驚く。私に喜びを与えたいという彼の強い思いは、自分をコントロールしなくてはという私の思いを上回り、私はこの純粋で至福の体験に身を任せていった。

オーガズムの波が私の体を通り抜ける。

彼はこうして私を夢中にさせ、この最初のセックスの後、私はひたすら貪欲になっていく。

二十二歳の私は、心を揺さぶられるのを待っている柔らかい蝋のようなものだった。そしてビルは私の心を揺り動かしたのだ。生涯続く姿をもって。

ふたりで迎える朝

翌朝、私は静かにリビングルームに忍び込んだ。霞がかったニュージャージーの日差しが部屋いっぱいに広がっていて、もう正午のはずだ。白いソファに横になり、今日最初のタバコに火をつけようとすると、ビルが赤いパジャマ姿で部屋に入ってきて「コーヒーはどう?」と聞いてくる。数時間しか寝てない私がどんな風に見えるか不安だったけれど、ビルの照れ笑いで、彼の白いVネックのTシャツを着ている私は悪くないのがわかる。

コーヒーをもらうことにし、早朝の思索を終える。彼が変質者ではないのはわかったが、思ったほど保守的でもないようだ。

ビルはコーヒーを用意して、ピアノ椅子の後ろの壁にある本箱からオレンジと黒のレコードを取り出してかける。

「このダニー・ハサウェイとロバータ・フラックのアルバムに『フォー・オール・ウィ・ノウ』という最近すごくよく聴く曲が入っているんだ」と言う。とても柔らかなピアノから始まり、ダニー・ハサウェイの声が聴こえてきた。哀しみに引き込まれ、別世界へと誘われる。ビリー・ホリデイをも超える、感情そのものの声に唖然とする。

ビルはピアノのところに座り、私はソファに寝そべったまま、ふたりで黙って聴いている。曲が終わると、ビルはレコードから針を上げ、兄ハリーの統合失調症との闘いについて話し始めた。ハリーが宇宙の本質について偏執的にわめき散らすのをどれだけ聞いていたかを。ハリーは時代の先を行っているだけなんだ、世界がまだ理解していないだけなんだ。どれだけそう信じたかったかを。

最後にハリーの命を奪ったのは自ら頭に撃ち込んだ銃弾だった。

そしてビルは、ダニー・ハサウェイが鬱病を患っていたこと、数か月前にホテルの外の歩道で死んでいるのを発見されたことを教えてくれた。ホテルの部屋の窓は慎重に外されていたと読んだことがあるとも。彼が三十三歳の時だ。

ビルはピアノの前に座り、ハリーの死の直前に書いていた曲を私のために弾いてくれ、タイトルを「ウィ・ウィル・ミート・アゲイン(We Will Meet Again)」に決めたと教えてくれた。

こうして私は存在するということを学んだ。

ビルと一緒に。

彼は私を招き入れる。

自分の横に私の居場所を作ってくれる。

誰かをこのように深く知れるということには抗えない。

ここから私のミッション・インポッシブル、スパイ大作戦が始まる——マンハッタンでクリーニングを出し、そのまま店の裏口をすり抜け、地下の世界へと。

そこは女神(ペルセフォネー)が降りていく地下冥界なのだ。

マンハッタンのデート

その日の午後、私たちは車で出かけ、グリニッジ・ヴィレッジを散策し、あの有名なヴィレッジ・ヴァンガード(ビルのホームグラウンド)のオーナー、マックス・ゴードンと彼の妻ロレインにイタリアンレストランで会った。

ビルは私の手を握り、三十年間マンハッタンを散策してきて慣れ親しんだ色々な通りを案内してくれ、色んな店を見て回った。「I Love New York」と書かれたとてもタイトな白いTシャツを買って着たら、ビルはニヤッと笑って私の若さに興奮しているようだ。私は彼の深み、誠実さ、そして彼の手の優しい感触に興奮しているようだ。初めて自分を大切にしてくれる男性の存在を実感したのだ。

レストランでは、右手から葉巻を離さず背の低いホビットのようなキャラクターのマックス・ゴードンと、妻のロレインがテーブルに座っている。七十代後半と思われるマックスは、二十歳年下のとても退屈そうな妻に辛うじて耐えている感じだ。

後日ビルから聞いた話では、ふたりはもう一緒に住んでいないが、今でも友達のような関係だという。どうやったらそんな冴えない関係を続けることができるのか想像できない。彼らは気難しいニューヨーカーで、私が初めてニューヨークに来たときに出会ったアーティストタイプの若者たちとは違う。私はといえばここでは水を離れた魚のようなものだとよくわかっている。話の内容は、マックスが経営し、ビルが出演するクラブのことが中心のようで、口を挟めることは何もない。ただまとわりつく子供のように扱われているだけだ。

夕食後の帰りの車の中で、他に会ってみたら面白いかもしれない友人たちがいるとビルが言う。例えばアッパー・ウエストサイドに家があるマイルス・デイヴィスとか。たぶん私はマイルス・デイヴィスに会ってみたいと思う。もしくはマイケルズ・パブにウッディ・アレンを見にいくのも良いかもしれない。ジャック・ロリンズというウッディ・アレンのプロデューサーとも仲がいいらしい——アニー・ホールという名前のトロッターの競走馬を共同で所有しているそうだ。

私もニューヨークで去年出会ったカップルの友人のことを話した。ニーナ・モントーヤは、エレクトリック・レディランド・スタジオでジミ・ヘンドリックス界隈にいた元ヘロイン中毒者で、たまたまヴィア・ヴェネト（私が働いていたカフェ）の常連でもあった。テレビドラマ俳優のキール・マーティンは『ヒル・ストリート・ブルース』のアル中警官ジョニー・ラルー役でキャリア復活のタイミング。彼らはミッドタウンのホテルにこもりながら次なるキャリアのことを考え、ロサンゼルスに戻る資金稼ぎにニーナのアドレスブックの中身を売ることさえ考えていたのだ。

ビルは私の友人たちに会うことにオープンだったので、ふたりで彼らが住んでいるホテルに車で向かった。

控えめに言っても、実に奇妙な再会だった。実はこのふたり、私がニューヨークを飛び出す時に紹介していたのだ。ニーナと寝たこともある。そして彼らは数週間のうちに結婚し、今はもう別れようとしている。

キールは、ホテルの隣人たちが自分たちのセックスをどう見ていたか説明する。「やつらは俺たちがセックスしてるのか喧嘩してるのかわからなくて警官を呼ぶんだ」と彼は笑う。「俺たちは単にセックスしてたんだけどね」

面白いし同時にとても不快にも思うけれど、ビルはこのワイルドなカップルのことをどう思うだろうかと気になった。彼はとても思慮深く丁寧だったが、早めに退散できる策を考えていた。

こんな感じで、私たちは世代を超えた奇妙なカップルになった。深い感謝と尊敬の念で結ばれていくふたりだ。愛が抑制心に邪魔されることもない。あまりにも強力に未来が呼ぶので、何かに躊躇して迷うこともないからだ。

私とニューヨーク

今日、ビルが競馬場に連れて行ってくれた。ここでは彼はニュージャージーから来たただの競馬好きな男なのだ。競馬場に何を着ていけばいいのかよくわからなかったけれど、ビルは錆色のビニールのジャケットで、彼のカジュアルスタイルだ。私のワードローブは三〜四着しかなくてそのほとんどがドレス。今日は、ウクライナ産の大きな赤いケシの花が前面に散りばめられた白いドレスと、クリーム色のプラットフォームシューズにした。発泡スチロールを連想させるパンチングパターンのビニール靴だ。

トラックのクラブハウスにはサンドイッチと飲み物があり、ビルはペプシを、私はクラブソーダとターキーサンドを注文する。ビルにとって、競馬場に来てサンドイッチをつまんでペプシを飲み、ちょっと賭けをし、馬が走るのを見る、というのは完璧な午後のお出かけなのだ。

仕事とまったく関係ないこの環境に、心が解放されて少しおしゃべりにさえなっているのがわかる。ビル・エヴァンスというプレッシャーから解放され、ニュージャージーから来たただの男になれるのだ。

私は自分の年齢もニューヨーク出身ではないこともよくわかっているので、カナダ訛りを隠しつつ自信に満ちたクールな女のふりをしている。クラブハウスでは、うわべだけは友好的な胸毛のニューヨーカーたちが私を下品に品定めしながら闊歩しているのだが、この男たちにどう対処したものか無力さを感じてしまう。

アルバータにはカウボーイみたいな連中がたくさんいて、彼らのことだったらわかる。クリント・イーストウッドのような無口なタイプで、目を細めて物に寄りかかっているだけで何も話さない。

しかし、ニューヨークから来たこのクソ野郎たちは、日焼けして、下心だらけで、私の胸をいやらしい視線で見ているのだ。

カウボーイは色目は使わず、女なんて視界に入らない。彼らの注意を引くためにはアクションを起こさないとダメだ。

エドモントンでは、私はワイルドで予測不能と言われていた。

ニューヨークでは、私は自分の中に閉じこもり、状況を慎重に判断し、自分をどう見せるか、どうやって身を隠すかを考えている。そしてそれはビルといる時の私のミッションの一部になるのだ——郊外に住む普通の中流階級のふりをすること——それはなりたくなかった実際の自分でもあるのだが。

なんとも皮肉な話だ。ようやくニューヨーク——私にとっての文化の聖地——に辿り着いたのに、どこにでもいる女の子（ガール・ネクスト・ドア）の役を演じることになるとは。

ビルの生い立ち

大きな影響を受けた兄のハリー、溺愛そして崇拝してくれた母、リスクを取るのが好きな父、そんな家族に囲まれたビルの幸せな子供時代を知っていった。

彼の父が最初に手がけたビジネスはゴルフ練習場で、色々な建築現場から集めた材木の切れ端で作ったクラブハウス、ハリーと一緒に練習場の深い草むらでボールを拾い集めた夕方、プロゴルファーに成り損なったことなどを話してくれる。

母親が家のピアノを掃除する時に鍵盤を拭いて変な音を立てるのをヒントに、十六歳の時に「埃拭きのラグ(Dust Rag Rag)」なんていう曲を書いた自分のお茶目さも。

ビルはこの家族の一員だった。ロシア正教会信徒の母メアリー、運動神経が良くきちんとして責任感の強い兄ハリー、そして独自の道を行く、ワイルドでギャンブルやリスクを取るのが好きな父ハリー・シニアというこの家族の誰しもと強い絆で結ばれていたのだ。

彼らは皆、アメリカンドリームにしがみついていた。

ビルは、自分が子供時代いかに普通だったか、いかに運動神経が良くて真っ当だったかという話と、軍隊に入ってからのことを対比させる。彼が傷ついた(と言う)場所、軍隊。馴染もうとすると同時に、抜け出そうとしたところ。

一晩中メキシコ産の大麻を吸いながらシカゴの地元のジャズクラブで演奏し、昼間は軍隊のマーチングバンドでピッコロ奏者をしていた。この間、彼は一睡もしなかったと言っているが、彼の晩年の睡眠障害的な演奏の素晴らしさを考えれば、それも納得がいく。

しばらくすると、睡眠不足と大麻の吸いすぎで、ハイになっていない時は演奏が下手になり、さらにはハイになるとより下手になっていた。しかしある時（除隊後）、自分の音楽にちゃんと集中するために、この人生初期の薬物使用をキッパリとやめる。そしてその後は黄金の期間へと突入していくのだった。

ビルにとってのサトリ

ビルは悟りのことを話してくれた。信じられないような至福の感覚、そして何者にも邪魔されない純粋な愛を感じた、と。

この突き抜けた至福感に包まれながら、ニュージャージーのプレインフィールドにある実家の卵ケースを使って作ったスタジオの中で、ビルは自分の音楽に没頭していたのだ。

この瞬間が数週間続き、彼が「ユニバーサル・マインド」と呼ぶ感覚を強く感じるようになった。すべてがひとつになる状態だ。

ニュージャージー州の実家に住むビルが、卵パックの厚紙で囲まれた部屋で、ピアノ、たぶんアップライトグランドを弾いている姿が目に浮かび、すべてを可能にする音楽を奏でているのが聴こえる。

このプライベートな場所をビルに与え、両親は別のことをしていたんだと思う。すべてを可能にする音楽は誰にも邪魔できないものだから。常識で測ったり判断したりするにはあまりにも広く深い音楽。

夢のような状態を生き、純粋に集中していて、何かが欠け落ちていくことはない。

すべてを受け入れる愛。何かを判断することなく、何かを後悔することなく、すべてが一体となる愛。

これこそがビルと私が作り上げた愛なのだ。ただ一緒にいることで、この一体感を感じることができる。私たちは自分自身でいることができ、そこで生み出されたエネルギーが、ビルにとっては作曲を通して、私にとっては執筆活動を通して表現される。

私たちは愛し合っているのだ。

二十代後半に始まったビルの悟りは、わずか六週間後、再度マリファナを吸い始めた時に終わりを告げた。失うにはたった一本のマリファナがあれば十分だったという。

私にとってのサトリ

私たちはウォーレン・バーンハートの新しいソロアルバム『フローティング』を聴いていた。ビルは目を閉じたまま、ウォーレンの天才ぶりを私に説明する。彼の中に入り込んで彼のエクスタシーを自分も感じ、喜びを味わいたいと思ったのだが、実はこれはビルが自分も負けないように頑張っている状態なのだと気づき始めた。

彼は私にスクリャービンと失われた和音について説明している。音符の間にある音楽、統合されたサウンドについて。彼はもう何光年も先にいて、純粋なる昇天に向けてスピードを上げ、精神は高揚しているのだ。できるところで私も話に飛び込んでいく。彼の話が好き。彼に描かれる音、天に向かう音、私たちの求愛の音が好き。

私はまた愛というものの無限の可能性を感じ始める。愛に向かって泳ぎ、「鍵」を取りに潜ってもどこまでも底はない。この愛は無限なのだ。

日常から切り離され、この「ありのままに存在する」という途方もない喜びの世界に連れてこられた、時々そんな気持ちになった。こんなに濃い人生を経験したことがなかった私はなんだか怖くなる。自らの内なる声に耳を傾けず、この瞬間に迷い込んでしまっているのではないだろうかと（まだ人生を真剣に考えすぎていた）。遠い将来自分がどうなっているだろうと。望まない自分になっていないだろうかと不安が広がるのだ。

この「悟り」は私が行き着く聖域であり、この形なき状態には始まりも終わりもない。私はこの瞬間にとらわれ、液体のような優雅さを纏うのだ。

ネネットに会う

自分の髪が気に入らない。本当は金髪にしてしまえば良いのだけど、自然体でいたいので染めないのだ。

しょうがないので、いつもピンで留めて顔を強調するようにしている――いくつか魅力的な角度があるので。

染めているのはビルの方だ。髪と髭を濃い茶色に染めている。

私は白いままが好き。とても目立つから。

ビルは「でもこの業界では若さがすべてなんだ」と言う。

なんとも奇妙なカップルだ。ビルは五十歳、私は二十二歳(どちらがマスターナンバーを持っていたのかな)。父親／娘／恋人／聖人(グルーヴィーなこの世の天使)がごちゃ混ぜ。

ニュー・カンヴァセーションズ

お互いに寄りかかり
私の中に何かが形作られるのを感じる
指先の触れ合いから直接やって来るもの
あなたがあなたと私の魂を行き来するのに心震え
私たちは本物の美を目の当たりにしている。壊れながら
何か違う、新しい空間を私の中に作っている

彼は手と口と目で私を愛した。自身の独特な性表現を探求できる相手を長年待っていた彼は興奮し、私も全力で彼に応え、その興奮はコカインのあるなしに関係なかった。

終わった後、左手に持つタバコの煙が彼の体の周りに立ち込め、私はベッドの足元で彼の足をマッサージする。彼の足と手のケアをするのが好きなのだ。マニキュアをしてみようと誘い、透明なマニキュアを塗ってあげることに。初めてらしく、私は誇らしげな気持ちになる。

まだマニキュアを乾かしている間に、ビルはタンスの一番上の引き出しから手紙と写真の束を引っ張り出し、私が座っているベッドの横の方に広げた。ここ二年の間に彼がセックスした女たちの手紙と写真だった。奥さんと別れてからだと彼は強調している。慈しむように写真を見るビルにとって、セクシュアルで感情的な思い出の詰まった大切なタンスなのだ。

そこには様々な「恋焦がれる」という表情があった。誰もがビルといたかったのだろう。既婚、シングル、皆とても若かった。いったいどうすればそんなに簡単に彼女たちの心の中に入っていけるのだろう。ドラッグ？　セックス？　音楽？　私の場合はわかっている。彼は気取らず、私がありのままの自分でいられるようにしてくれるからだ。

最後の写真は現在の彼の妻、ネネット。若くてセクシーで、ビルにも匹敵するようなふさふさの髪を通して見つめてくる。この髪には嫉妬してしまう。自分の薄くて肩までの長さの、ネズミみたいな茶色い髪に落ち込む。

私たちは写真と手紙を広げたままのベッドの横の方に座り、左手でこの最後の写真の端をそっと持つビルの目には苦痛が浮かんでいる。

家族と離れて一番辛いのは何なんだろうとひとり考えた。

ビルは写真を指でなぞり、ネネットの顔の真ん中にSの文字を書いていた。

「顔の両側は、全然違うパーソナリティーを持っているって知っていた？」

そう言って彼は妻の顔の右側を他の女の写真の裏顔で隠し、顔の両側は過激なまでに違うことを私に伝えようとする。

「目を見てみるんだ。両側の目の違いで本当の違いがわかるんだ」

このネネットという女性の両面を知ろうと写真を見て、ケイリー・グラントと結婚していたダイアン・キャノンと似ているのに驚いた。目には、ギリギリのところで生きているような同じクレイジーさがあるのだ。

これをビルに言ったら、そう、彼女は元気いっぱいだったんだと。そして1972年にライトハウス（コンサート・バイ・ザ・シー）で演奏した時にどうやって出会ったかを教えてくれた。彼女はそこでカクテルウェイトレスをしていて、彼はまだエレインと結婚していた。一目惚れだった、女性にここまでの性的な情熱を感じたのは初めてだったんだと。

彼女の方も性的に惹きつけられ、ホテルの部屋で服を脱ぐ前にすでに達してしまったと彼は言う。西海岸で数日過ごした後、彼女の娘のマキシンも連れてニューヨークで新しい生活を始めようと説得したらしい。

この後はよく知られているところだ。ビルはネネットと出会ったから別れるとエレインに言った。エレインは貯金を全額おろしてラスベガスですべてすり、ニューヨークのアパートに戻ってカバンだけ置き、すべてから消えるために地下鉄に身を投げたのだった。

ビルとネネットは1973年8月5日にプラザホテルで結婚し、息子エヴァンは1975年9月13日に、奇遇なことにビルがツアーでエドモントンにいた時に生まれた。そして(避けようがなかった)大騒ぎの別れは数年後にやって来た。彼の演奏スケジュールが問題だったという。

彼らは今コネチカットに住んでいて、時間の許す限り会いに行っているそうだ。

「君も彼らに会いたいかい?」と彼は尋ねる。

私に何が言えるっていうの? 彼の目は真剣で、これは彼にとってとても重要なんだとわかる。私はこの男のためならなんでもする。

「ええ、あなたの家族に会いたいわ」

*

その日の午後、彼女が手がけたビルの最新アルバム『ニュー・カンヴァセーションズ(未知との対話)』のジャケット用アートワークを見せてくれた。彼女が撮った、楽譜の上に置かれたビルの眼鏡とペンとタバコの写真を静物画風にしたものが裏ジャケット。表は正面と横から見たビルの似顔絵で、横顔が正面の顔の上に重なって右目だけが見えている。

このアルバムの選曲を見れば、話の続きがどんなものか想像はついた。「ソング・フォー・ヘレン」「ネネットへ捧ぐ」「マキシン」「お先にどうぞ(After You)」「リフレクションズ・イン・D」「ノーバディ・エルス・バット・ミー」

＊

翌日コネチカットへ向かう車中、ビルの家族に会ってどうなるかうまく想像できなかった。カーステレオではアース・ウィンド・アンド・ファイアーのアルバム『黙示録(I Am)』のテープをかけていて、こういうファンクも聴くのだと驚いた。

「ハーモニーを聴いてみてよ」彼は言った。「コマーシャルな音楽をやっている連中にしてはかなりのもんだ」

ショート・ビーチへ向かう途中、ちょっとした森の中の田舎道も通った。彼女の家はモダンな感じで、木が何本かあって整っているが造園まではしていない敷地に建っていた。

ネネットの髪は本当に素晴らしく、この時はふたつに束ねていた。レーシングスタイルの帽子を被って、彼女曰くカルフォルニアに住む兄弟のために預かっているというオレンジ色のスポーツカー(たぶんMGB)に乗り込む。

彼女は私たちも誘い、私には後ろのシートに乗るように手招きしたのだけど、そこは座席というよりはちょっとした棚のようなものだった。

かなりの強風の中幼稚園に行き、ビルはエヴァンを自分の膝の上に乗せて家へと戻った。

家の中は吹き抜けになっていて、二階はロフト。部屋の隅には、黒のボールドウィンのグランドピアノが部屋の真ん中向きに置かれ、奇妙な骨董品のコレクションがあるくらいで、がらんとしている。ハードウッドのフローリングで、カーペットもカーテンもない。

そことダイニングルームとでL字型の一階だ。テーブルの上にはサンドイッチ用のコールドカットが並び、ネネットの娘であるマキシンと、同居しているネネットの母親がテーブルを囲んでいる。そこにビルとエヴァン、そして私も加わりネネットは私たちに昼食を出してくれた。

昼食後、ネネットは海までの散歩に私を誘い、静かな田舎道を通ってふたりで海岸に向かった。ネネットはマリファナに火をつけて一緒に吸おうと誘い、私は喜んでそれに乗り、互いに打ち解け始めたのだった。

ビルの話で盛り上がる。

ネネットによると、私はビルがここに連れてきた一連の女たちのうちのひとりにすぎないという。そして、ビルの健康状態を気遣っていた。ヘロインを吸っていた頃に肝炎を患ったため肝臓が八分の一しか残っておらず、主治医はこの状態では一杯の酒も命取りになるかもしれないと警告しているという。

私はビルがほんの一滴でもアルコールを飲むのを見たことがなかったので、彼女はコカインのことを言っているのだろう。薬から抜け出すように手伝ってくれと彼から頼まれていることを彼女に伝えた。その後は、私たちが吸っているマリファナのことや、カリフォルニアにいる兄弟が屋外でマリファナを栽培していて、彼女が売れるように時々1~2ポンド送ってくることを話し始めた。

彼女はどうやって生活しているのだろう。朝エヴァンを幼稚園に連れて行く前に、新聞配達の仕事もしているとのことだが。

彼女はとても働き者で、責任感も強いようだ。

私はネネットにはなるつもりはない。彼女は私には手の届かない存在だ。三十代前半の成熟した女性で、果たすべき責任があり、家を持ち、子供もいる。彼女はビル・エヴァンス夫人なのだ。

ネネット・エヴァンス(1979年、フランシーン・トムリン撮影)

グレーとグリーン

ビルの車は滑らかで濡れた路面に苦もなく浮かぶ
柔らかい緑色が重なる森に、雨が灰色の墨絵の線のように斜めに降っている
何も語られず、すべてが語られる
沈黙の中の緊張は愛に包まれる
ビルはこうして自分自身でいる術を教えてくれた

エレインになる

代わりに私はエレインになることにした。忠実で勇敢な最初の妻のように。内縁の妻で十一年間一緒に住みながらも結婚はしなかったエレインに。協力的な妻として、ビルがツアーに出て、物事を立て直し、人生を続けられるようなスペースを与える存在になるのだ。

死んでしまった地下鉄のプラットフォームの上で彷徨う彼女に対し、私は生きている分有利だ。エレインはビルの永遠の伴侶でありヤク中友達だが、私は彼女の魂をチャネリングすることにより彼らの間にいることができ、ビルが彼女のように地下鉄に身を投げないように導いていくことができるのだ。

私はエレイン、でも私はエレインじゃない。ヘレン・キーンが彼女を死体置き場で確認した翌日、ビルが部屋に戻ってきたときに彼女のサイズ5の靴が並んでいた様を想像できるし、もうそれを履く人はいないと気づいた時の彼の悲しみもわかる。

でも私は今その靴を履いているのだ。この大きな靴をなんとか履きこなせば、悲しみを乗り越え、秘密の私的な世界に光をもたらすように導いてくれる。

私はエレイン、だって彼女はとても強かったから。私は最初の妻としての彼女の強さに乗っかっているだけ。二年間ハーゲンダッツのコーヒー・アイスクリームしか食べず、その断食を寿司で終わらせた女性。ハーモニーとメロディという双子のシャム猫を飼い始めた女性。蝋燭だけの部屋でビルの横に長年寝て、部屋に電気は来ていなかったけれど、アパートの廊下にぶら下がるコンセントから電気を取ってテレビを見る術も持っていた女性。何年もの間彼らの薬物依存を隠し、ビルの稼ぎはすべてヘロインと蝋燭とキャットフードに費やしていた女性に。

私は私が生まれる前のエレイン。父親に入れられた精神病院では食事をスプーンで食べさせられ、女性警備員とイチャイチャし、マンハッタンに脱出し、兄に騙されて連れ戻されたエレイン。トニー・カーティスにマイアミまで連れて行かれて、変態的なセックストリックをしていたコールガールのエレイン。

綺麗にプレスされたパンツを履いてパーティーでビルと出会い、十三年間の信じられないような放蕩生活、無敵の仲間意識、自己破壊と美への欲望の達成へと旅立つ時のエレイン。

ありがちな単なるジャンキーの妻ではない。詩人の妻であり、仲間であり、人生の避難所なのだ。

彼女こそがすべてを持つ妻だったのだ。

ビルとエレイン・エヴァンス　ヴィレッジ・ヴァンガードの裏で（1963年、ポール・モチアン撮影）

ローリー／至福の時

ビルは私を引き寄せ、彼の内側に入れる
私を取り囲み、私の家となる
私は支えになる核のようなものを探す
でも支えになるものはない
土台になるものはない
この瞬間以外には

静かに可能性を探り
擦り切れたピアノの鍵盤の上を手が舞う時
新しいメロディの姿が現れる
あなたの中で熟してきた何かが

解放される時
あなたはこのメロディで何度も試行錯誤する
私はその度にハッとする
私は幼い心の束縛から普遍的な存在へと解放され

言葉にはできない私たちの人生は
この宙ぶらりんの家の中で漂っている

私たちは心穏やかに永遠へと繋がっていく
あなたと私はひとつ
この愛はねっとりと永遠へと溶け込んでいく

1979年5月31日午前0時半

ビルの口が私の膣口にしっとりと触れ、柔らかな顎髭が贅沢な太もものパッドになる。

私は彼に身をゆだねるように体を反らせている。恍惚とした浮遊感。私の唇は彼の唇に押し付けられ、彼の手が私の中に滑り込み、私を熱と色の爆発の中に引き込み、波が押し寄せ、振動がうねる瞬間を待っている。

涙が昨夜のマスカラの跡を静かに滑っていく。私はひとり、毛布を強く引き寄せながらベッドで丸まっていた。この夢の世界から離れるなんて考えられない。やっと見つけた至福を手放すしかないなんて。

「ローリー」の誕生

ビルは一晩中起きていた。疲れているのでエドモントンに戻る私を空港まで送ることはできないが、と言ってタクシーを手配してくれた。

私は、彼がくれた彼のアルバムが上手く入るようにスーツケースを整理した。

ソロアルバム『ニュー・カンヴァセーションズ』
クラウス・オガーマンとのオーケストラ・アルバム『シンバイオシス』
ベーシストのエディ・ゴメスとのデュオ・アルバム『インチュイション』
トリオアルバム『アイ・ウィル・セイ・グッドバイ』
トニー・ベネットとのデュオ・アルバム『トゥゲザー・アゲイン』

私はこの別れが平気なふりをしている。内心ではエドモントンに帰らなければならないのはとても残念なのに。荷物にYEG／エドモントン空港行きのタグが貼られているのを見るのが楽しみだったりはしない。エドモントンに戻っていったい何を楽しみにすればよいと言うのだろう？十代の時のボーイフレンド？ ギリシャ料理店「コスモス」でのウェイトレスの仕事？ ボッシュはまた次へと進み、今はバンクーバーにいる。ニューヨークでビルと一緒に過ごすという経験を超えるものなんて考えられない。

飛行機の中はいつも乾燥しているので、キューティクルクリームを持ってきたかどうかハンドバッグの中を確認していたら、ビルが来て作っていた曲の譜面を渡してくれた。

一番上には私の名前「LAURIE」がすべて大文字で書かれていて、その隣には5月31日の日付と午前2時30分という時刻が書かれている。

一番下には、彼の言葉が刻まれている。

1979.5.31

愛をもってこの曲への閃きをくれたローリーへ

ビル

「愛をもってこの曲への閃きをくれたローリーへ」

これにより私は永遠に彼に結びつけられた。そして彼はその場からすぐに立ち去るのだった。

父の再婚

ニューヨークから戻った翌日、父はデリック・ゴルフ&カントリークラブでロイス・フット(私の高校時代のボーイフレンドふたりの母親)と結婚式を挙げる。ふたりは教会で内輪の挙式を行い、その後私たち近親者や近所の人たちが招かれている、このお堅いカントリークラブでの盛大な披露宴だ。

自分の父親が、私の最初のふたりのボーイフレンドの母親と結婚するなんて、いったいどんな因縁なんだろう。ロブとダグ・フット。末の弟であるロブとの最初の記憶は、ロブが十段変速の自転車でコーナーを曲がるのが少し早すぎて歩道へと転んでしまったことだ。自転車の後ろにバンジーコードで固定したつもりのビールケースは、泡と割れた瓶と水浸しの段ボールでぐちゃぐちゃになってしまった。ひどい悪態をつきながらも、なんとかグラハム・アッシャーに話をつけて、彼の姉ダイアンが週末にラバットビールをまた1ケース掠めてきてくれるようにしなきゃとぶつぶつ言う。

お気の毒にと思ったけれど、最悪のシチュエーションの中での奇妙なユーモアのセンスは悪くない。その日の夜、例の砦でキスさせてあげた。近隣三地区のティーンエイジャーたちが集まる郊外の森の中にある砦で。その後ロブと私はよくデートするようになり、最初は砦やフットボールの試合に行ってビールを飲みながらイチャイチャしていたが、次は彼の母親の家の地下にある娯楽室で毎週会うようになった。父親のエルドンは自分の会社の秘書のために母親を捨て、ふたりは離婚していた。日本でホームケア製品を販売する大きな会社だったが、ネットワークビジネスのようなものらしくカナダから追い出されてしまい、今はオーストラリア沖のタックスフリーの島に住んでいる。ロブと父親は、マニラでモハメド・アリの試合を一緒に見に行くなど奇妙な場所で時々会っている。

エルドンに一度だけ会った時、彼はアイン・ランドの本をスーツケースに詰め込んでいて「利己主義という気概」なるものを広めようと必死だった。私も『水源』と『肩をすくめるアトラス』を高校時代に読んだのでアイン・ランドは知っていたけれど、エルドンほど資本主義にのめり込んでいる人は見たことがなく、もはや伝導者のようであった。

私はロブのエキセントリックな家庭に興味をひかれた。両親の離婚に伴う鬱で精神科医にかかっているとも聞き、当時私たちが住む郊外エリアでは離婚など聞いたこともなく、そんな側面からも同情したのだった。

七か月間、イチャイチャだけで最後までは行かない状態に彼はかなり欲求不満だったらしく、私を振って最後までOKの娘と付き合い始めた。ボーイフレンドと週末を過ごすのは本当に楽しく、誰か男性に受け入れられることも私の自尊心を満足させてくれていたのに。振られてしまった。そんな私は、近所のパーティー会場で彼をとっ捕まえて大騒ぎし、ビンタし、泣きながら帰ることになってしまう。

でも私が本当に望んでいたのはリベンジだったので、計画を立て始めた。彼の弱点は何だろうと考えると、割とすんなりと答えが出る。彼の兄であるダグの気を引き、付き合ったらどうなるだろう？　ダグとセックスしたらどうなるだろう？

ダグは大学を卒業した後、一年間の休暇を取ってフランスのクラブメッドのリゾートでスキーのインストラクターをしていた。彼宛に無邪気を装って出した一通の手紙からその後のストーリーが始まるのだが、住所もなんとロブから聞いたのだった。

ヨーロッパから帰国するダグを、当時私の友人でもあった彼の妹のローリーと一緒に空港で出迎えることに成功する。

彼は私に会えてとても喜び、そう、上手く行ったのだ。しがないセックス狂いのティーンエイジャーに振られたガールフレンドから、大学を卒業してまもなくロースクールに通おうという誰かのガールフレンドへと。ダグは完璧な兄で、ロブは到底かなわない。ダグは自信家で野心的で、ロブは家族の中の弱いダメ男。

さて私が優位に立った。まずは大事なことから。どういうことか？　私は避妊しないセックスを続けたのだ。何を考えていたのか？　できるだけ何も考えないようにしていた。私のお気に入りの避妊法は、性交の後すぐにバスルームに行って精液を洗い流すこと。避妊せずのセックスのリスクについてお互い何も話さなかった。

セックスに私が積極的なのに最初に感づいたのは母親だった。私が妊娠初期にあると気づき、彼女の産婦人科医であり家族ぐるみの友人でもあるテリー・トラフ先生のところに連れて行かれた。

おそらく私の状況をまず説明しておくために、母親が最初に診察室に入っていった。待合室で座っている間に私の不安はどんどんと増していき、信頼できる家族の友人が私のこのセックスにまつわる緊張を少しでも和らげてくれないかと儚い望みを抱いていた。

彼女は決意に満ちた表情で待合室に戻ってきた。キワニス・ミュージック・フェスティバルのボーカル部門コンテストに出場した私が、伴奏者である母親に不安そうな始めの合図を送ると「とにかくやってみなさい」と言わんばかりの決意に満ちた表情を返してくるようなものだ。

トラフ先生は、机に寄りかかり、タバコに手を伸ばして深く吸い込むと私に座るように手招きした。

「お母さんと話しました。彼女はあなたが妊娠しているのではと強く疑っていますよ」

私は何も言わないし何も言えない。すべてのことを問題なしにしてくれる誰かが欲しいだけだ。この瞬間、私を慰めてくれる誰かが欲しいだけだ。目には涙がたまり、喉には激しい痛みを伴う塊を感じた。

そして聞かれる。

「性行為はしたのですか?」青いタバコの煙の間から目を細めて聞く。ペリー・メイスンを思い起こさせた。

私は泣き出してしまった。この状況は私には耐え切れない。この窮地に何か解決策を出してくれるのではと期待しつつ。私にはもう状況が理解できず、どうすればいいのかわからなかったのだ。

机の上にはボックスティッシュがあり、それを渡してくれた。

そして妊娠しているかどうかの検査をしなくてはと言う。

診察室のすぐ隣の検査室に連れて行かれ、服を全部脱いで渡されたローブを着て、検査台に仰向けに寝るように言われた。

まだ母親の「とにかくやってみなさい」という表情が目に浮かぶ。

先生は部屋を出て、私は服を脱いだ。生理はもう数か月なかったので妊娠している可能性もあるかもしれないが、いったい誰がこんなわがままな人物の中で生まれたいだろうとも思う。冷たい紙で覆われた台に寝ながら、子供時代のおまじない「なんでも大丈夫」を何度も言ううちに少し落ち着いてきて、そんなにひどいことにはならないと思い始めた。

でも次に起こることには心の準備ができていなかった。トラフ先生はゴム手袋をはめている。

「妊娠の度合いを見るためには、あなたの中に手を入れないといけないんです」

中にってどういうことなんだろう。

「さあ、足を広げてリラックスして」

私は逃げる。こういう時は体から離脱するのだ。検査台の上に浮かびながら、こんな検査を受けさせるために、母親が娘を家族の友人の医師のところに連れて行く世界ってどんなものなんだと考えていた。

＊

帰りの車中、私の体は石のように冷たい。母とトラフ先生は赤ちゃんを堕すことにした。母は父が気づかないように上手く手配すると言っている。私も誰にも言ってはいけない。もし誰かが知ったら、私たち家族の評判を落とすことになるから。私は恥ずかしすぎて何も話すことができず、この話し合いには参加できなかった。

何日も泣いた後、勇気を振り絞ってボーイフレンドのダグにこのことを言ったのだ。

こんな答えは期待していなかった。

「なんて馬鹿なんだ！」と彼は罵ったのだ。

*

そして今、私たちは、デリック・ゴルフ&カントリークラブでの盛大な結婚パーティーに皆集まっているわけだ。私は弟のデイブと一緒に着いたのだが、下着に隠してニューヨークから持ち帰ったコカイン1グラムをやろうと誘っても、女性トイレに行かなくてはいけないのでと断られてしまった。

女性トイレでは、私の新しい姉妹、ローリーとトゥルーディーが化粧直しをしていた。父と、彼女たちの母親がデートしているのは知っていたけれど、まさか結婚するとは見抜けなかった。彼らはフレンドリーでいつもリラックスしている。この家族はいつも完璧に見えた。時折の緊張感は大体ロブに向けられる。ロブは彼らのスケープゴートなのだ。彼らが嫌いなのではない、というより彼らの自信にたじろぐ感じなのだ。お金持ちの女の子たちは、なんかこう自信みたいなオーラを纏っていて、私はそれを真似ようとする。そんな彼女たちが今やある種姉妹であり、記憶から消したいと思っていた私を振った高校時代のボーイフレンド、ロブとダグも、この新たなる拡大版家族の一員として、実物よりもさらに大きくなって登場してきたのだ。

もう私のしたいことはニューヨークの自慢話だけ。ちょっとでも音楽に興味がありそうな人を探していたら、それどころじゃない、ニコルス先生が定年した後に私の音楽の先生になったヴェラ・シーンがいるではないか。

父の友人でもあるヴェラ・シーンは私におめでとうと言ってから、どうしているかを聞いてきた。

「あら、よく聞いてくれたわ。ジャズピアニストのビル・エヴァンスに会いにニューヨークに行って、帰ってきたところなの。もちろん彼を知っていますよね？」

ヴェラと夫のラニーは本物のミュージシャンだ。彼らは子供がない夫婦で、以前はホワイトアヴェニューにスタジオを持っていた。1950年代にエドモントンに一箇所だけあったジャズクラブ、ヤードバード・スイートの近くでもあった。

「あら、それは本当にすごいわね」彼女は言う。

彼女が何かきっかけになるようなことを聞いてくれて、卒業してからの五年間でどれだけ音楽的に啓蒙されたかを自慢できると思い、待っていた。

でも彼女は何も言ってくれなかったので自分で続け、

「私に曲を書いてくれたの」と思わず口にした。

「あら、ほんとに？　タイトルはなんて言うの？」と聞く。

「ローリー」「彼は私の名前を曲名にしたの」

「それは随分と興味深いわ。あなたは最近何をしているの？」

今度は言葉に詰まる。自分がやっていることが嫌いなのだ。ウェイトレスをやっていると言うのは少し恥ずかしいし、大学にも行っていない。さてなんて言えばいいのだろう。

「今はアルバイトでウェイトレスをしているのだけど、ニューヨークに戻ってライターの道を志そうかと思っているところなの」

「そうなのね、頑張って」と言ってから、別の旧友に挨拶し始めた。

弟のデイブがシャンパンのグラスを持ってきてくれて、私たちはカップルを祝福するための列に並んだ。

母の再婚

結婚式に出席しなかった母は、様子を聞きたくて私を新居に招いた。新しい夫のウォルターと暮らす郊外にあるアパートだ。彼らの家はブリックス・ウェアハウスの家具が至る所にあって、決して趣味が良いとは言えない。車で送り迎えする子供もいなければ、近所の茶飲み友達もいないこの町のはずれで、彼女はいったいどんな生活をしているのだろう。最後にここに来たのは3月に行われた彼らの結婚式の翌日。結婚式で私は花嫁の付き添い役で真っ白な服を着て、彼女はピンクのドレスを着ていた。披露宴はウォルターが自分のバンド「エコーズ」でよく演奏していたシュニッツェル・ハウスで行われ、私は酔いつぶれてしまった。

私は彼女の新しい夫が気に入っている。ウクライナ生まれの本物のウクライナ人。訛りが強くてとても官能的な肉体の持ち主だ。彼と彼の父親は、第二次世界大戦中、ナチスのために音楽を演奏することで生き延びた。戦争に耐えられないドイツの若者たちが木で首を吊ったり、自分の母親を置き去りにしなければならなかったことなど、とても辛い話をたくさん聞かせてくれた。その後二度と母親に会えなかったことも。彼の演奏スタイルは、本物のジプシーからのみ生まれ得る、感情に溢れた素晴らしいものだ。

母が彼のような人を選ぶことは理解できる。彼女はいつだって音楽の持つ情熱に引き寄せられていたのだ。幼い頃、英国国教会のパイプオルガン奏者だった父を尊敬してやまなかった彼女は、教会の聖歌隊に参加し、トロント音楽院のピアノ教本をグレード12まで熱心に勉強する。その後エドモントン・オペラのコーラスに参加し、ピアノ教師や声楽伴奏者としてのキャリアを積んでいった。私にピアノを習わせたのも彼女だ。ニコルス先生が私の最初の先生で、レッスンやリサイタルにはいつも母が車で送り迎えしてくれ、キッチンからF#を連呼していた。私が歌のレッスンを受け始めてからは、彼女が伴奏者になった。

子供の頃、母のハインツマンのピアノが60年代のモダンなリビングルームにあり、父のヴァイオリンは青いベルベットの裏地がついた、うなぎの皮のケースに入っていて、古い楽譜がたくさん置かれていた長椅子の上に置いてあった。母も父も十代の頃音楽に積極的で、父はジュニア・シンフォニーでヴァイオリンを弾いていたくらいだ。

私は父の演奏を聴く機会がなかった。なぜか父はヴァイオリンを避けていて、代わりに本格的なリスナーになり主にジャズ、スタン・ゲッツやクリス・コナーなどを聴いていた。ヴァイオリンは親に無理やり弾かされたからなのかもしれない。私も練習が嫌いだし、母や他の人にああだこうだと言われるのは嫌だったけれど、演奏すること自体は好きだった。誰にも邪魔されずに自分を表現したかった私にとって、耽溺できる何かがあるのはとても大切なことだった。

*

祖母は、ウクライナ流のクリスマスに毎年家族全員を集めるのが慣わしだった。そこではエドモントン交響楽団のヴァイオリニストである父の弟エヴァンがウクライナのクリスマスキャロルを演奏し、母がピアノで伴奏する。これが父の血に流れる伝統的な音楽を知るきっかけとなった。叔父たちの深いバリトンの音と、叔母たちのか細く震えるファルセットの音が私たちをひとつにする、この大家族での夕食がとても好きだったし、ベルベットの椅子とガラスのドアノブで埋め尽くされた豪華な家に住む、ウクライナ人の祖母が大好きだった。

年に二回、私たちは教会に行った。父が、クリスマスとイースターにはどうしても行こうと言うからだ。その父は、なぜか日曜日はベッドから起き上がることができず毎回遅刻していたが。

教会の思い出〜母との対峙〜「ローリー」改訂版

花崗岩の階段の上にある、重そうでフェルトで裏打ちされた分厚いオーク材のドアは締め切られることがない。またもや遅刻した私たちにとっては幸いなことだった。遅れたことを知らせるようなことはしない、この静かなドアのおかげで安心して身を隠せるのだから。

玄関には見分けのつかない男性用のゴム製オーバーシューズが並んでいる。サイズは違うのだろうが、どうやって自分のものを見分けるのだろう。

聖歌隊は素晴らしい賛美歌をすべてウクライナ語で歌っていて、その音は、あたかも低木が生える丘が続く景色に母音が広がっていくようなものに感じた。

大聖堂は乳香、VO5のヘアクリーム、つんと匂うヘアスプレーや入れ歯などの匂いで満たされていた。

イエス、マリア、神といった偉人たちを描いた4メーター近くあるパネルの下には、正面に赤と青が煌めく奉納品が並んでいる。

すべて金色で縁取られ、色は宝石のような輝きを放っている。窓はステンドグラスになっていて、その悲劇的なほど高貴な模様を通して光が輝き、60年代風の保守的なスーツに身を包んだウクライナ人の男女による聖歌隊の哀愁漂う母音に溶け込んでいる。

例祭は終わりに近づいていて、金襴の服を着た司祭が香炉を前後に振りながら、自分の中のある場所とチャネリングし、人々が静かに話を聞くようにする。すべてウクライナ語で私には一言も理解できない。

他の人が立てば私たちも立ち、パッド付きの木のレールがカーペットに置かれればそこに膝をつき、木彫りのベンチに再び座る。早く終わることを願いながら。

匂いで吐き気がしてきたので部屋を見渡すと、イースターの帽子の下に太い金髪をリボンで編んだ娘たちがいる、まさにウクライナという感じの家族が目に入った。赤い革靴を履き、ターコイズブルーのベルベットのベストの下にクロスステッチの入った農民風のブラウスを着て、虹色のリボンの髪飾りを揺らしながら踊っている彼女たちを見ると、筋肉質の立派なふくらはぎが想像できた。私のふくらはぎは百万年経ってもそんな風にはなれない。十歳の私のふくらはぎは痛々しいほど貧弱なのだから。

＊

そう、母には新しい男ができた。本物のウクライナ人で、情熱的な人だ。ウクライナ音楽のコミュニティを通じて知り合い、ふたりはとても愛し合っている。

そして、私にも新しい男ができた。本物の音楽家で、情熱に満ちた人だ。母と私が今同じ状態なのではと思う。母へのプレゼントにトニー・ベネットとビル・エヴァンスのアルバムを持ってきていて、ビルが書いてくれた曲を見せるのがとても楽しみだった。きっと彼女も興奮をわかち合い、ずっと待ち望んでいたイエスをくれるだろう。そして何よりも、私はビルが書いてくれた曲を誇りに思っているし、彼女も最高に喜んでくれると確信しているのだ。

しかし、彼女が私の興奮を共有することはなかった。私が精神的にどれほど成長したかわからず、共有どころかむしろ心配している。ベージュの八角形の眼鏡の上に出るほど眉を顰め、口角を少し上げて、私に尋ねた。

「ニューヨークのミュージシャン？　ローリー、本気で言っているの？」

ミュージシャンのことを私より遥かに分かっているかのように「ミュージシャン」の部分を強調しながら。私だって、ここまでの人生でずっとミュージシャンたちと付き合ってきたのだからと自分をしっかり持とうとする。多くは母の紹介だ。

「ママ、彼はただのミュージシャンじゃない。ビル・エヴァンスなのよ」そう言っても何の反応もない。

「それに、私たちには共通点がたくさんあるの。ジャズが好きで、演劇や芸術も好き。お互いに共感できることがたくさんある。ふたりとも人生を深く理解していると思うの」私の言葉ひとつひとつが、母にはウクライナ語よりもさらに縁遠い外国語みたいに聞こえているようだ。

「ニューヨークにいる間に何を話したか信じられないと思うわ。彼のお兄さんの死や、最初の奥さんの自殺のことを全部話してくれた。彼には信頼できる人が必要なんだと思う」

最後の部分は慎重に言った。私は自分が信頼できる人だなんて幻想を抱いたとしても、彼女にはそれを吹き飛ばすことは簡単だから。

今、彼女が狙いを定めているのがわかる。

薄笑いを浮かべ「その男のことを本当に知っていると思っているのね。彼について、いったい何を知っていると言うの？」

母が私にそんな薄ら笑いを浮かべるのは嫌いだ。

「彼は正直で親切な人だと思う」

母を傷つけるだろうとわかっていてこう言った。母は何よりも正直であることを大切にしていると言い、母の期待に応えることができないので私は自分の人生について正直に話すことができない、私たちの間にはそんな状況がある。私の父との経験にもかかわらず彼女はそんなことを言うのだ。いや、逆にそれ故なのかもしれない。

「ローリー、いったい何について正直だって言うの？」

「生きている方の奥さんについても話してくれたわ。彼らはもう別れていて、彼女に会わせるために私を彼女の家にまで連れて行ったほどなの」

私の描く別世界では、これは母との距離を縮めたかもしれないが、現実はまた自家製爆弾となり、母の新たな心配事という名の燃料庫の上で静かに爆発するのだった。

戻ってから数日後、ビルから三通目の手紙が届いた。競走馬の絵が描かれたカードで、馬のブランケットには一番の印が。返事を書くのが待ちきれない。私は珍しいグリーティングカードをたくさん持っていて、この時選んだのはアールデコ調のエンパイア・ステート・ビルのものだ。30年代や40年代のものが大好きで、これまでに、サテンのスリップ、ラインストーンのアクセサリー、羽毛のボア、つばの広い帽子、プラットフォームシューズなどをコレクションしてきた。いまだに冬用のコートはないけれど、実用性なんて私には関係ないのだ。

6/2/79

Laurie —
I wish I could feel you
close to me. Your visit
was timely —
Enclosed is a revised
version of "LAURIE" — perhaps
not the last.
Please stay in touch.
Love
Bill

1979.6.2

ローリー

君をもっと近くに感じたい。とてもいい時に来てくれた。
同封してあるのは「ローリー」の改訂版の譜面だ。おそらく最終版ではないけれど。
連絡取り合えれば。
愛を込めて。

ビル

まず素晴らしい旅だったとお礼を言い、彼のことを考えているだけでどれだけどきどきしてくるか伝えた。近いうちに彼に会いに行くことも約束して。

手紙を送るのが嬉しくてしょうがない。私は恋に落ちているのだ。

ローリー

素敵なカード、君の気持ち、同封してくれたものをありがとう。ひとつ目の改訂版は届きましたか？　今回送るのはふたつ目の改訂版で、キーも新しくなっています。すでに君の手元にあるふたつのバージョンには、二小節目と三小節目のGについているべきナチュラルの臨時記号が抜けていました。同封した譜面の裏側を見てみてください。いずれにせよ、構成もメロディの構造もハーモニーの構造も変えていなくて、ただ全体にもっと自然で優雅な感じにしようとしているところです。今回は最終形に近いものです。

もし譜面を誰かに見せるなら正しいものをと思って、これを送っています。曲を聴いたことがない人だと、ナチュラルがないことに混乱してG♭を無理やりハーモニーに組み込もうとしてしまうかもしれないし。

実はインフルエンザから立ち直ったばかりで、この一週間ほとんど何も食べていませんでした。7月(7月2日?)にトロントに六日間行く予定なので、一日か二日でも会えるといいですね。

愛を込めて

ビル

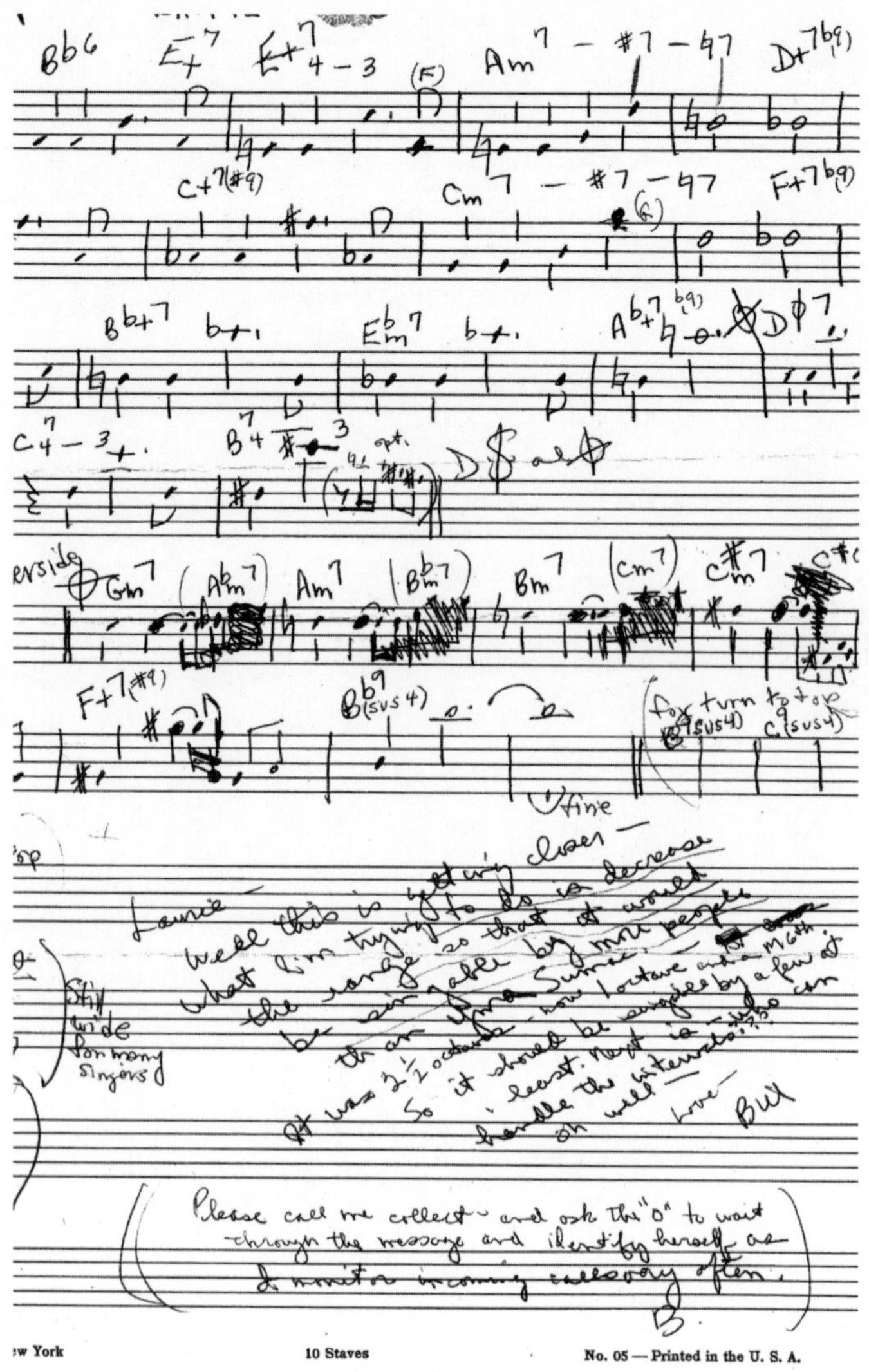
Bb6
Am7
D+7(b9)
C+7(#9)
Cm7
F+7(b9)
Eb m7
D.S. al Φ
Gm7
Am7
Bm7
C#m7
F+7(#9)
Bb9 (sus4)
fine
for turn to top
still wide for many singers
Laurie
Well this is getting closer —
It was 2 1/2 octaves — now 1 octave and a m6th.
Love
Bill
Please call me collect — and ask the "O" to wait through the message and identify herself as I monitor incoming calls very often.
B.
ew York
10 Staves
No. 05 — Printed in the U. S. A.

（中央）

ローリー

だいぶでき上がってきた。

今は音程のレンジを狭めようとしているところだ。イマ・スマックじゃなくても歌える人がいるようにね。

前は2オクターブ半だったが、今は1オクターブと長六度だ。

なので、少なくとも何人かは歌えると思う。次の課題は、音程をちゃんと取れるのは誰かということか。うーん……。

愛を込めて
ビル

（左）

まだ多くの歌い手には音域が広すぎる。


（下）

電話はコレクトコールでかけて、オペレーターに、留守番電話のメッセージが終わるまで待ってそれから名乗ってくれ、と伝えるように。かかってくる電話はよくチェックしているので。

B.

1979年6月14日

コスモスでのランチの仕事を数日休むのはとても簡単だった。エドモントンもようやく夏になり、私はビルとの欲望に満ちた再会が待ち遠しくてたまらない。

今回はトロントまでのチケット代は自分で払うことにし、空っぽのアパートを出て友人のダイアン・エラートの家の一室に引っ越した。

ダイアンの家に住むのは安い(月100ドル)だけでなく、リース契約をする必要もない。そうしながら、ビルが私を呼び寄せて一緒に住もうと言い出すのを密かに期待しているのだ。

彼女のところにはなかなか良いサウンドシステムがあって、素晴らしいレコードコレクションも持っている。そこでビルがくれた素晴らしいアルバムたちを聴くこともできる。

自分が『ニュー・カンヴァセーションズ(未知との対話)』に惹かれているのがわかる。このアルバムを録音している最中の家族との別れに、どんな苦しみを味わったのだろうか。今ビルに一番近づけるのは、そうやってこのアルバムを聴くこと。変わりつつある彼に、私も関わっている変化に。

ダイアンはピアノも持っていて、ビルから送られてきたふたつの譜面を試してみる。コードチェンジは追えないけれど、右手でメロディを弾き、左手で各小節の終わりにブロックコードを弾くのはなんとかできる。

コード進行に沿ってアドリブできないのは情けない気がするし、譜割もあまりわからないけれど、この自分の曲をなんとか弾こうとする度に、ビル・エヴァンスのような人だけが知り得る私自身に近づいていける気がする。

トロント公演

トロント　1979年7月7日

大きなクラブだったが、細長い階段を上がったところにあって、ビル用のピアノを入れるために壁を外さなければならなかったそうだ。私がこれまで行ったジャズクラブのような親密な感じはないけれど、観客は盛り上がっていて、私は部屋の端にひとりで座って今夜のトリオの演奏を何ひとつ聴き逃すまいとしていた。

ビルは「マイ・ロマンス」の凛烈とも言えるような演奏でセットを締めくくった。終わりに向かってビルドアップし、豊かな和音とスタッカートが競うようにスウィングし、ジョーとマークはそれに付いていくのに必死だ。

観客はその終わり方に唖然とし、そこまでのマジックは消えてしまった。ビルが作り上げた盛り上がりは沈黙に取って代わられてしまったのだ。ようやくゆっくりと拍手が聞こえ始め、ビルはその反応を承認するかのようにうなずいている。ベースのマーク・ジョンソンとドラムのジョー・ラバーベラを讃えるように手を向け、観客に礼を言って休憩に入った。

ビルがステージを降りて私がいる奥の方に向かうと、また観客の会話は始まった。このトリオの前のドラマー、マーティー・モレルと奥さんのクレイギーも加わって、皆で下のレストランに向かった。

クレイギーとマーティーは60年代後半のニューヨークで出会った。彼女はジャンキーで70年代前半にエレインとビルと一緒にメタドン療法に参加した親友だった。

現在は三十代前半のゴージャスな赤毛の母親となって、トロント郊外の趣味でやっている農場に住み、夫のマーティーはセッションプレイヤーとして忙しい毎日を送っている。ビルとの演奏を経験した後のミュージシャンはどんな感じなんだろう。ビルのようなすごいアーティストと毎晩のように演奏する興奮に勝るものなどあるのだろうか。

クレイギーとビルがヘロイン中毒者の体質についてジョークを言うのを聞いていると、その時代の、そしてそのトリオの歴史を感じる。体質じゃなくて便秘の話だったかもしれないけれど、それは私にはわからない。ビルは体が強くて大概のことには耐えられるということ、ジャンキー生活の十年間、塩味のクラッカーとハーシーのチョコレートシロップをミルクで割ったものしか食べなかった、とかそんなことをよく言っていた。

彼らはこんな話をして笑っている。でも私はビルが負った傷を知っているし、生き抜くための闘い、逮捕されるかもしれないという恐怖、空白の時間、ヤクが手に入らないのではないかという不安、苦しみの汗、すべてを手放してしまいたくなる衝動、等々のジャンキーのライフストーリーも聞いている。

ビルが新たな依存症で不安定な状態に陥っていることを、彼らは知っているのだろうか。私は彼が自分で選択してきたと知っているけれど、同時にどれほど悩んでいるかも知っている。静かなる混乱と破滅を間近に見て、私は無力感に襲われる。

ビルは「次のセットの準備があるから」と夕食をほとんど食べずに席を立った。楽屋で少し静かに過ごし、コカインを数本吸える時間を確保しているのだ。お勘定に彼の名前をサインして、レストランからクラブの方に回してもらうように頼まれ、後はマーティーとクレイギーと世間話をしながら食事を終えた。

ウェイターがお勘定を持ってきたので、私は自己紹介をしてビルからサインを頼まれたことを伝えた。ウェイターは私を上から下まで見て、勘定を払うようにと言う。ここではミュージシャンの勘定をクラブに回さないと言うのだ。

困った。勘定を払うお金はないし、マーティー夫妻に出してもらうのも恥ずかしい。顔が真っ赤になり、どうしたらいいのかわからなくなってテーブルの上で泣き出してしまった。マーティーとクレイギーはウェイターを捕まえて騒ぎ始める。

私はテーブルから立ち上がり、ドアに向かって走り出し、行き場のないまま通りに飛び出す。まだどうしたらいいのかわからないけれど、あんな風にされて腹が立ってきた。とにかく心の整理が必要だと思い、バスの停留所に座って自分を取り戻そうとした。ひとりでホテルに戻れるか考えながら。

トロントに来て三日目になる。初日はビルが休みだったのでグリーンウッドの競馬場にトロッターを見に行った。私は四番人気のアンダーライターに賭けて25ドル勝ったけれど、ビルは私よりもはるかに上で500ドル近くを手にしていた。彼には何か決まった賭け方があるようだが私には教えてくれない。私はまだ泣いているので恥ずかしくてクラブに戻れないが、ホテルまでのタクシー代くらいはあるだろう。

ホテルに着いてすべてを書き出してみる。ビルの依存症に対する不安、彼と一緒にいたいという気持ち、自分が置かれているこの狂った状況。自分の人生を理解するために書くのだ。

＊

ビルは真夜中過ぎに帰ってきた。私がひとりでホテルに戻ってきただろうと信じつつ。何かを問いただしたりはしない。隠しおおせた。自分の恐れをビルに見せずに済んで良かったし、彼がこうやって私のスペースを尊重してくれるのが好きだ。

アルバイト先で

エドモントン　1979年7月11日

ランチのウェイトレスをしているこのレストランに、黒髪で金歯がある、四十代半ばの皿洗いの女性がいる。私がテーブルを回って半分ほど残ったクリームピッチャーを集め、それを彼女がチーズクロスに流し込んで翌日の私の朝食になる超リッチなヨーグルトを作ってくれるのもあり、ちょっとした仲良しだ。

その彼女が今日コーヒー占いをしてくれた。ここのコーヒーはとても濃くて、カップの底にはドロドロとしたものが残るのだ。彼女は私に、カップをソーサーの上にひっくり返し、戻してからゆっくりと右に三度回すように言った。

彼女の黒い瞳とブロークンイングリッシュはまるでジプシーのようだ。愛が見えるだろうか。

彼女は私のカップの中に愛を見るだろうか？

彼女が見たのは旅と子供だった。

「ここに飛行機が見える」とカップの横を差し、確かに私にも飛行機が上昇していくのが見える。

「ここには海岸線」彼女は物思いに耽るように続ける。

「東海岸、ニューヨーク？」

「いいえ、西海岸。カルフォルニアかな」

「ふたりの息子と西海岸にいるのが見えるわ」

うーん、子供か……それは予想外だし、考えたこともなかった。

「動き回るのが見える。数多くの旅」

彼女は金歯のある笑顔を浮かべ、私は占ってくれたことに感謝した。

＊

その後ビルから電話があり、月末にシカゴに誘われた。ホリデイ・インの一階にあるリックズ・カフェ・アメリカンというクラブで、条件の良いギグが入ったのだと言う。二週間ほど来ないかと誘われた。

コカイン中毒の進行

シカゴ　　　　　　　　　　　　　　　　　　　　　　　　　　1979年7月

シカゴは湿度が高く、花がたくさん咲いていた。ホテルはレイクショア・ドライブの近くにあり、夜になると湖から吹く風が心地良い。ビルは軍隊時代の古い友人たちに会いたいと言っている。

ビル・スコットと妻のボビーがホテルに迎えに来てくれて、郊外にある彼らの家で夕食に招かれることになった。

ビル・スコットは、ビルと同い年だ。背が高くて、ちょっとハンサムな人だ。昼間は保険のセールスをしていて、週末にはウェディングバンドのシンガーとして今でも歌っている。妻のボビーは、強いシカゴ訛りの三十代前半の小柄な女性。まさに中流階級のカップルだ。彼らは、ビルを夕食に招いていることに明らかに興奮していて、ビルがいかに有名か、自分たちのために時間を作ってくれて嬉しいかと話している。

これは私がまだ見たことがなかったビルの側面だ。健全(で退屈)な人生を送っている人たちと三十年以上付き合いがあるという側面。ボビーは私のことも尋ねてくるが、特に話すこともない。元々世間話は苦手だが、最近はさらに思い上がっているのかもしれない。

一方、ビルはこのレベルの会話も得意で、家を最近改築したことや、ビル・スコットが歌手を続けていることなどについて聞いている。

ビルのもうひとつのコネクションは、シカゴ・プレイボーイ・クラブを経営するサム・ディステファノだ。彼の計らいで、かつてのプレイメイト(現在はレズビアンのカップル)ふたりがホテルで私たちの相手をしてくれた。ひとりはとても背が高く、もうひとりは私みたいに背が低い。ビルは彼らにコカインを探してくれるように頼んだ。背の高い方が調達に出かける間に待たせてもらった彼らのアパートはいたく素晴らしいところだった。今後ライターとしてやっていくために、ふたりが向かい合わせに座れる素敵なライティングデスクもあった。そして、トニー・ベネットからはふたりにお揃いのウォークマンのプレゼントが。セックスをしながらでも、彼のことを考えられるようにということらしい。でも長居はしなかった。ビルはコカインの調達となるともっぱら効率優先になるのだ。ふたりともとても魅力的なキャラクターだし、私はもっとおしゃべりしていたかったのだけど。

＊

この二件以外は、いつもと同じ生活だ。正午前後に起きてルームサービスを頼み、午後ビルは休息し、私はマーク・ジョンソンとシカゴの街を探検しに出る。新しいシアーズ・タワーに行き、素敵なカードや文房具を見つけ、新しい日記帳を買った。

8時30分、私たちはホテルのメインフロアからクラブへ向かう。クラブといってもラウンジのようなものだが、毎晩3セットとも満員になる。ここでのセットリストは私にもお馴染みのものになってきた。「リ・パーソン・アイ・ニュー(Re: Person I Knew)」(ビルのリバーサイドのプロデューサー、オリン・キープニュースの名前のアナグラム)、「ミッドナイト・ムード」「酒とバラの日々」「イフ・ユー・クッド・シー・ミー・ナウ」「アップ・ウィズ・ザ・ラーク」「ミンハ(オール・マイン)」、そして「マイ・ロマンス」。

シカゴに来て三日目、買い物から戻るとビルが布団に埋もれていた。ビルは激しく体を震わせ、ガチガチと震える歯の間から、ありったけの毛布と重い冬用のコートを全部かけてくれと頼む。私は本当に怖くて、どうしたらいいのかわからなかった。ファンからもらったバラが腐ったグラスの水を使ったらしい。この腐った水でコカインを打ち、ひどい感染症になってしまったと言うのだ。

本当にひどい感染症だ。ビルの薬物中毒の進行はひどいものがあった。シカゴに着いて鼻の夢の話を聞かされたのだけど、その夢の中では、彼の叔母が居間の周りに鼻をたくさん並べてエアフレッシュナーとして使っているという。この夢は鼻が使い過ぎで落ちてしまうサインだと考え、副鼻腔を休ませることにしたのだが、今度は注射針を使う方に夢中になってしまった。さらに強烈な刺激なのだろうが、美しい精神を宿した壊れかけの体にまだ注射できる場所がないか探す姿には、本当に失望させられる。

ビルは、私の中にある恐怖を察し、ユーモアたっぷりに死の床にある炭鉱夫を演じる。会社の売店にいくら借りがあるか計算してその支払いを私に託し、自分が綺麗な身で死んでいけるよう懇願している話。そうやって私の恐怖心を払拭しようとしている。

彼は私の心配事——お金、責任、死に方——をすべて的確に捉え、あとは私がただ遊べるように、この苦境を笑い飛ばせるようにと考えているのだ。

後に私はこのような状況を「ロープの手品」と呼んでいた。いよいよ彼のロープの末端、命の限界まで来てしまったかと思うと、なぜか彼は更にロープを延ばすことができるのだ。

シカゴからの戻り

シカゴ　　１９７９年７月

私たちは空港で別れ、ビルはツアーを続けた。チケットカウンターに行くと、ターミナルが間違っている、エドモントンに戻るフライトにはどうやっても間に合うはずがないと言われた。それを無視し、バッグを掴んで国際線ターミナルに向かって文字通り疾走し、ゲートに辿り着く。飛行機に向かう通路のドアはロックされていて、そのドアを叩いたら、イラついた男性係員がドアを開けて飛行機はちょうど出ていくところだと言う。飛行機を戻すように頼み込んだら驚いたことにそうしてくれたのだった。

しっかりと座り、ホリデー・イン、リックズ・カフェ・アメリカン、プレイボーイ・バニーたち、そしてビルの死とのダンス、とシカゴで起こったすべての出来事を整理し始めた。

物書きとセラピストとマリファナ

バンクーバー　　1979年10月

ボッシュはバンクーバーで、イングリッシュベイのクルーズで知り合った、なかなか魅力的な黒髪の製薬会社のセールスマンと暮らしていた。彼はモントリオールでゲシュタルトセラピーの集中トレーニングを受けるところで、その間にボッシュは私を西海岸に招待して彼女のリビングルームにあるデイベッドに居候させてくれたのだ。

私たちはバスルームで多くの時間を過ごした。

キャンドルやアロマオイルを使って雰囲気を出す方法や、シャワーカーテンのロッドに服を吊るして調和を取る方法など、バスルームの基本セオリーや魅惑的な入浴テクニックを教えてくれた。

バスタブには一緒に入らず、どちらかがトイレカバーやカウンターに腰掛けて葉っぱを吸っていた。私は今でこそ上手にジョイントを巻けるようになっているけれど、当時はボッシュの素晴らしい技に頼っていたのだ。

常にアールグレイの紅茶、それが彼女のやり方だった(私はまだコーヒー中毒になる前)。スモークオイスター、輸入ビール、高価なマリファナ、電話、ワードローブ、レコードコレクション、そして冒険への渇望、私は彼女の持っているものすべてをシェアした。

私たちは炎と炎。実存的な冒険に魔法をかけている。アナイス・ニン、ヘンリー・ミラー、チャールズ・ブコウスキーの精神を受け継ぐワイルドな女たち。

私は物書きで、彼女はセラピスト。私は物書きらしい生活を送って色々な経験を積み、彼女はフロイト、ユング、サルトル、サティらを使ってその正当性を確認し、キース・ジャレットの『ケルン・コンサート』を聴きながらの長いバスタイムで、それをさらに確かなものにするのだった。

彼女はロブソンにある高級フレンチビストロでランチウェイトレス(ワイルドな女たちにはお馴

染みの仕事)として働き、糊の効いた白いシャツで高級ワインをサーブし、かわいいゲイのバスボーイに大好きなマリファナをせがんでいた。

私の方は、数週間は仕事に就かず作家として街を歩き回っていたが、ロサンゼルスの知り合いであるトムとサリー・ドレイク夫妻の紹介で、映画の撮影現場での仕事を得ることができた。彼らは、映画の仕事でまた少し稼いで農場の資金繰りを良くしようとロサンゼルスに戻っていたのだ。スティーヴンはバンクーバーに移り、ゲイリー・クレイマー&ザ・ワークスというパンクバンドで活動していた。

青天の霹靂(へきれき)

1979年秋

ポール・リュイス(『イージー・ライダー』や『ラスト・ムービー』のプロデューサー)が、デニス・ホッパー主演のカナダ映画を制作するためにバンクーバーに来ることになっていた。ポールが私に会いたがったのは、主にウィリアム・コッツウィンクルの『バドディーズ大先生のラヴ・コーラス』という本のためだった。この本は、大学で一緒だったニューヨーク出身のユダヤ人で、マクロビオティックで輪廻したというサックスプレイヤー、ジェフリー・スタインが私にくれたものだ。この作家のスタイルを好きだろうとくれたのだが、実際その通りだった。マンハッタンのローワー・イーストサイドを描いた彼の作品——大破局の後のヒッピーたちが廃墟となったビルに住み、破壊された電話ボックスでオーガニックのニンジンの取引をする話——は、子供時代に孤児になって街角で鉛筆を売りたいと思っていた私にはとても魅力的だった。

私はロサンゼルスのトムに本のコピーを送り、彼はそれをポール・リュイスに渡し、ポールは映画化したくなったのだ。

チョコレート色のベルベットの乗馬ジャケット、シースルーの水玉模様のブラウス、スエードのスラックス、乗馬ブーツというういでたちで映画のプリプロダクション・オフィスに行った。なんとか撮影現場で働きたかったのだ。

ポール・リュイスは背が低く禿げのロサンゼルスのビジネスマンで、素気なくすぐに本題に入る。背の高さを尋ねられ、私は5フィート4インチ(160センチ)だと嘘をついた。

すると彼は「それは残念だ、君はこの役には1インチ(2・5センチ)ほど背が高すぎる」と言う。私が、嘘をついた、ちょうど5フィート3インチ(157・5センチ)だと伝えると「そうじゃなきゃ。月曜の朝、パシフィック・パリセイズ・ホテルに5時半(午前)に来て、撮影現場に行く車に乗るんだ。シャロン・ファレルのスタンドインだ」

私は雨の中、デルタの緑豊かな農地にあるセットで出番が回ってこないかと待っていた。デニス・ホッパーは撮影が始まって三日目に到着し、外でのフットボールのシーンを撮影した。私は、オレンジ色のオイルクロスのアノラックジャケットとブルージーンズにカウボーイブーツ姿で、数時間にわたって泥と雨の中を走り回ったり、飛び跳ねたりするデニスを傘をさしながら見ていた。監督から休憩の指示があり、ずぶ濡れのデニス・ホッパーに、傘に入らないかとカジュアルに申し出た。

コカインを吸おうと誘われ、私たちは十分もしないうちにマイルス・デイヴィス、ビル・エヴァンス、ヴィルヘルム・ライヒやオーガスマトロンの話をしていた。これは、この後彼のトレーラー、撮影現場、高級フランス料理店、男性トイレ、彼のホテルの部屋などで数週間にわたって続いたけれど、寝ることも、食べることも、そしてセックスすることもなかった。コカインが原動力だったのだ。コカインは再び私の人生の中で重要なものになっていた。

撮影二週目が終わる前に、デニスとポールは監督を解雇してデニスにクリエイティブ面を全権委任し、彼が作品全体を書き換えて監督することになった。その結果、デニスとポールと私の三人はデニスのトレーラーで様々な可能性を議論し、(時には十二時間にわたり)際限なくビジョンを探求することになった。

様々なデニスの友人の俳優がセットに来て、即興で演技をした。有名になったキッチンでの飲み会のシーンも土壇場で検討されたもののひとつだ。

それからの数週間は、デニスが幼少期に受けた性的虐待と向き合う過程を知ることになった。ジョージア・オキーフとニューメキシコ州タオスでアーティスト同士一緒に過ごした時のことも交えながら、母親のいない幼少期に威圧的な叔母にセックスゲームの世界に引き込まれたという話を聞き、ハリウッドの俳優は皆こんな感じで機能不全なのかと思い始めた。撮影現場の緊張感が高まるにつれデニスはますます横暴になり、その日の最初の撮影のためにキャストやスタッフを十二時間も待たせるようになっていった。デニスが娼婦宿のシーンで私に娼婦役を演じさせようと言い出すに至った時は、その狂気の沙汰にうんざりし始めた。自分をそんな状況に置くなんて考えることもできないし、彼にそんな権限を与えるなんて、私にとって不快以外なにものでもなかった。

私はそれを断り、代わりに他のクルーとの性的実験に集中する。彼らは皆、デニス・ホッパーのイージーな女と見られている私とセックスしたいと熱望したり怖がったりしている。ビルに電話でこの話をしたらとても楽しそうにしたので驚いたが、私の悪ふざけを笑い、撮影現場で自分自身のドラマを作りつつ不安になっていた私の心を和らげてくれた。

デニスは、その後も私と絡もうとし、彼のトレーラーに呼ぼうとしたりした。でもこの頃には、娼館のシーンを演じたふたりの姉妹も彼の側に登場していて(妹の方は、セクシーな未成年役がかなりはまっていた)、私からは彼に何かしてあげようという気持ちなどもうまったくなくなっていた。

最後に彼に会ったのは、ポストプロダクションの最中にホテル・ジョージアのとてもフォーマルなダイニングルームで行われた打ち上げの夕食会だった。エグゼクティブ・プロデューサーのポール・リュイスと一緒で、私はデビー・キャメロンを連れていた。彼女は私のワイルドな思春期のバー友達で、今はちょうど仕事の合間でウエストエンドの私の家で寝泊まりしていた。

デニスは、見つからないと思いながらマリファナに火をつけてテーブルの下で渡していたが、ウェイターは辛抱強くしつこく彼に火を消させた。デニスは私のことを軽蔑するような発言をしながらもう一度火をつけようとしたのだが、ここで私のタフな女友達デビー・キャメロンが「姉のスーザン(ハリウッドのベテランB級女優)がこのアホデニスをなんとかしてくれればいいのに」と泣き叫び始めたのだ。私はこのお馴染みの大騒ぎがとても嫌で、メインディッシュが始まる前に帰ってしまった。

デニスは、私がこのようなシーンは苦手なのだとわかっていなかった。コカイン入りの熱狂的で無駄なブレインストーミングでは切れ物なのかもしれないが、『アウト・オブ・ブルー』というタイトルになったこの映画で彼が演じたキャラクターにあまりに似ていた。リンダ・マンズ、シャロン・ファレル、レイモンド・バー、ドン・ゴードン(バットマン、この謎を解け)、レオン・

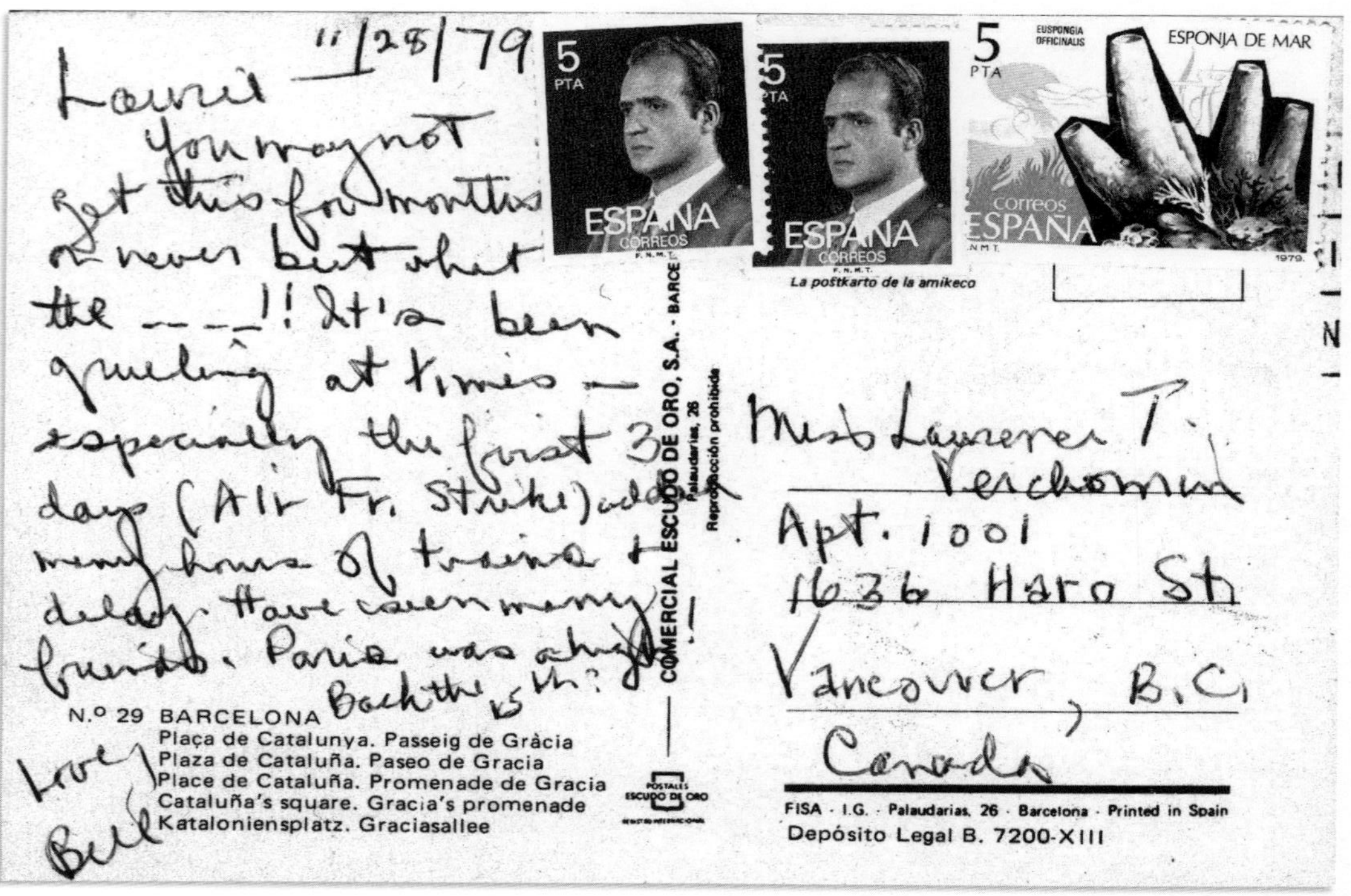

11/28/79

Laurie —

You may not get this for months or never but what the ---!! It's been grueling at times — especially the first 3 days (Air Fr. Strike) added many hours of trains + delays. Have seen many friends. Paris was a hit! Back the 15th?

Love
Bill

Mrs. Laurence T. Verchomin
Apt. 1001
1636 Haro St.
Vancouver, B.C.
Canada

La poŝtkarto de la amikeco

COMERCIAL ESCUDO DE ORO, S.A. - BARCE
Palaudarias, 26
Reproducción prohibida

N.º 29 BARCELONA
Plaça de Catalunya. Passeig de Gràcia
Plaza de Cataluña. Paseo de Gracia
Place de Cataluña. Promenade de Gracia
Cataluña's square. Gracia's promenade
Kataloniensplatz. Graciasallee

POSTALES ESCUDO DE ORO

FISA · I.G. · Palaudarias, 26 · Barcelona · Printed in Spain
Depósito Legal B. 7200-XIII

1979.11.28

ローリー

この葉書は数か月遅れて受け取るか、ひょっとして受け取ることがないかもしれない。なんてことだ!!
時々とても疲れてしまうよ。特に最初の三日間は(エアフランスのストライキで)余分に長時間電車に乗ったり遅れたりだ。友人にはたくさん会えたが。パリも良かった。15日に戻れるかも?

ビル

エリクソン（トラック・ストップ・ダイナーの髪の毛の長い店主）たちの心的外傷後ストレス障害を、デニスが万華鏡のような視点で描いた、ニール・ヤングの音楽を使用した青春ホラーストーリー。

*

ビルがバルセロナから送ってくれた絵葉書は、彼からの電話よりもずっと後にバンクーバーのウエストエンドにある私のアパートに届いた。デニス・ホッパーとの映画撮影を終え、ニューヨークに戻ることを切望していた時だ。ビルはヴィレッジ・ヴァンガードで一週間演奏することになり、私のニューヨーク行きを手配してくれた。

ヴィレッジ・ヴァンガードでのビルとの再会

ニューヨーク・シティ　１９７９年12月

空港からタクシーに乗り、赤いサムソナイトのスーツケースには私がセクシーだと思う下着を詰め込んでビルに会いに向かった。東部の湿った空気は私の上着を湿らせ、プリーツの入ったウールのスカートにはシワが寄り、鼻筋には小さな汗の粒がたまっている。

タクシー代は18ドルで、20ドルを渡してお釣りはいらないと言いながら、小さなスーツケースをヴィレッジ・ヴァンガードの前の歩道に引っ張り出した。閉まっている重いドアを開け、中の階段に並んでいる人たちの間を通り抜けて奥の方に通じるドアの窓をノックした。

ドアマンに自分の名前を言い、ビル・エヴァンスのゲストだと告げる。私は中に入れ、他の人たちはそのままセカンドセットのために階段に並んで待っていた。

キッチンに近いベンチの端が空いていたので、スーツケースを慎重に壁に立てかけ、ベンチに腰掛けた。

サンディエゴから来たユダヤ系のイカれた皿洗いのジェイ(たまたまデクスター・ゴードンの麻薬の運び屋だった)が出迎えてくれた。彼は住み込みだったのだが、スーツケースを持ってきた私も引っ越してくるのかと思ったらしい。それから二週間、私たちは玄米や野菜について、時にはマリファナで盛り上がりながらすぐに仲良くなった。

オーナーのマックス・ゴードンはいつも片手に太い葉巻を持っていて、もう片方の空いている手で、すれ違う誰彼構わず触っていた。ビルは彼が無害だと保証してくれたけれど、そんなことより彼がクロスドレッサーだという噂に驚いた。ヒールを履いたマックスを想像してみると……。

ウェイトレスのテキーラは三十代前半の巨乳の黒人女性で、トニー・ウィリアムスのかつての彼女だ。ふたりの間には養子もいた。ビルによると、トニーは大きな女性が大好きで、彼女も以前はもっと大きかったという。彼は、彼女の減量プログラムは自分のものと似ているのではとも思っていた。

バーテンダーのウィリーは鼻がなく、鼻があるべき場所にはバンドエイドを貼ってあるだけだったが、そんな状態でもバンドエイドの端からコカインを吸うのはやめなかった。店のスタッフは、キッチンを過ぎたところにある廊下のロッカーにブツを入れている。クラブの一番奥、裏口のすぐそばにある男子トイレに向かって、ロッカーの前を通って赤い線が引かれていて、クラブの反対側、コートチェックのカウンターの隣には女性用トイレがあった。

トイレでコカインを吸い終わってドアを開けると、1950年代にビルのガールフレンドだったサイキックのフランシーンがいた。ビルについておかしな夢想をしている人だ。

「ローリー？」と彼女は私に尋ねる。

私だとわかり、品定めし、どうやら気に入ったようだ。私はバッグをゴソゴソ探って鏡の前でメークを直し、鼻の下を拭く。彼女も来るとビルから聞いていたので、会うかもしれないと予想はしていた。でも、流行に敏感で最高にクールなこの場所とは違って、しっかりと地に足がついた彼女の雰囲気には不意を突かれた。背が高く、がっしりとした印象の五十歳くらいの女性で、ビルによると現在はスタテン島で学校の先生をしているという。ビルがズート・シムズの紹介で彼女に出会ったのは１９５７年。その頃彼女はビバップのドラマーを目指していて、ビルの隣のアパートに住み、ビルの友人である作曲家のアール・ジンダーズを含む仲間のひとりでもあった。結局彼女はビルを振ってアールの元へ行ってしまったのだが、彼らは皆友人としての付き合いが続いていた。

フランシーンは、友人であるマッサージセラピストのリタ・グッドウィンを訪ねるためにマンハッタンに来たと言う。リタは、１９６３年にビルがラジオで演奏しているのを聴き「私は彼のために苦しんでいる」と言い出してビルに会った女性である。彼女が体験した不思議なエピソード（ヘロインから抜け出そうとしている人の症状に似ている）は、実際のところビル自身がヘロインから抜けようとしていた時期と重なっていたらしい。ビルは、自分の経験した苦しみは他の人たちほど強烈ではなかったのだが、彼女がなんらか肩代わりしてくれたのかもしれないと言っていた。

どこに座っているのかと聞かれたので、キッチンにバッグを置いていて、テーブルはないと答える。トイレを出ようと手を伸ばすと、ドアノブが完全に外れてしまった。どうしたらいいのかわからずそのままハンドバッグに入れ、会場の反対側に行ってベンチに座った。

再び教会の思い出

エドモントン　1967年

滑らかな花崗岩の広い階段は、重いオーク材の扉に繋がっていて、扉には音がしないようにパッドとストッパーが付いている。中の冷たい大理石のロビーには、縁に塩が付いたままの男性用ゴム製オーバーシューズが並んでいた。

聖歌隊のロフトに続く階段からは、不規則なヴィブラートがかかった深く響く男声と、ファルセットの女声が聞こえてくる。大聖堂正面の赤いカーペットの階段を登り降りしながら乳香を揺らす、金色の服を着た司祭と共に、すべては大草原の母音とチャネリングしているのだ。

青と赤の豪華なドレープに描かれた華やかで物悲しい印は、司祭と祭壇を守る若い男たちの内なる聖域を隠している。その聖域には女性はいない。マリア像でさえ入口に置かれている。

神父は、愛もユーモアも赦しもない、札付きの犯罪者のような表情をしている。聖堂も同じような厳しい雰囲気で、石造りの冷たい建物の中、硬い木のベンチと小さな黒い本で埋め尽くされている。そしてその黒い本にはたったひとつの物語しか書かれていない。

とても古い時代遅れの物語で、主の愛と、私たちが皆いかに主の子供であるかを何度も繰り返し述べているものだ。

ヴィレッジ・ヴァンガード

ニューヨーク　1979年12月

ヴァンガードの奥にある男子トイレから出てきたビルは、廊下の床に貼られた赤い線に沿ってスタッフ用のロッカーとキッチンの入り口を通り過ぎた。そして暗くなった会場の観客の間をすり抜けてステージに上がり、ピアノの前に座る。

マークとジョーは、彼がイントロを始めるのを待っている。観客も彼のシリアスな態度に反応し、頭を下げて発信が始まるのを待っている。

「アイ・ドゥ・イット・フォー・ユア・ラヴ」の冒頭のコードがヴァンガードの濃密な静けさの中に浮かび上がり、会場は崇敬の念で一体となる。ビルは、私たちを彼のすぐ隣に招き入れる。彼にとって舞台などなく、隔てるものもない。それぞれの内なる美に耳を傾けるよう呼びかけているのだ。

鍵盤に置いた手の上に顔をそっとうつむけ、自分の位置を決める。首を片方に傾けて聴いている。私は彼の顔を見た。広い額に広がる黄ばんだ肌、激しい苦悩や恍惚で釣り上がる眉、サングラスの下で閉じた瞳、開いた口と顎。

家でピアノを前にして曲を作るときの表情であり、私たちが愛し合っているときの表情だ。自分のすべてをさらけ出した表情。無防備でなんのエゴもなく、真実と美に満ちている。灰皿から巻き上がる煙が、暗くなった赤と黒の会場を不気味な青い靄で満たしている。誰もしゃべらず、同じ気持ちでいる。なおざりにしていた自分たちの魂の深みから、内なる美が解凍され、浮かび上がってくる。そんな目には見えない気持ちを皆が共有したのだ。

本当の自分たちは何者なのかを思い出し、すべてが整った自分たちの居場所を思い出している。言葉も感情も超えた場所だ。

ビルは高音域へとエネルギッシュに駆け抜けて曲を終える。完璧な静寂が観客を目覚めさせ、拍手が沸き起こる。彼が曲の合間に観客に話しかけることはない。拍手が収まるのを待ち、また音を響かせて夢の世界へと誘うのだ。

ぼろぼろの注射器

ビルのアパートに戻ると、寝室の窓に重くて濃い緑色のカーテンが釘で留めてあった。すぐ外して光を入れようとしたら、素早く反応し、なぜそんなことをしているのか話し始めた。

「カメラや盗聴器を防ぐために留めてあるんだ」と冷静に、真面目に言う。

「カメラや盗聴器ってなんのこと?」

「CIAだよ。ドラッグのことで私を追っているんだ。やつらは知っている。おかげでもう二回分トイレに流してしまった。まったくもって迷惑な話だ」

「本当にあるかどうか私が代わりに確認していい?」と聞いてみる。

「いや、それは無理だ。盗聴装置は見えないし、見つけられないように設計されているんだから」

「そうなのね」と私は答える。

話しはここまで。毛布は掛かったままだ。

この展開には驚いたような、驚かないような。ビルが自分なりに静かに受け入れているので、私もなんとかこの新展開に落ち着いて対処できる。彼の妄想を聞いていて、もはや私にできることは、彼の恐怖心をわかち合い、毎週30グラム弱のコカインを打ち続けるための安全な場所を保つ手助けしかないとわかった。

最初の頃はその「安全な場所」は寝室だったので、直接見守ることができたが、依存症が進むにつれバスルームにこもるようになってしまった。そこを自分のオフィスと呼び、14丁目のロバート・ケニー(「イエット・ネヴァー・ブロークン(Yet Ne'er Broken)」という曲があるが、それはこの名前のアナグラム)から手に入れたぼろぼろの注射器で、毎日何時間もかけてコカインを打つ用意をしていたのだ。

かなり大量のコカイン(たぶん3~4グラム)を用意し、沈んで腐った皮膚になんとか注射できる場所を探しているうちに、使いすぎで注射器が壊れてしまうこともあった。こうなるとビルはまたどうやってコカインを調達しようかと大きなストレスになるが、私の方は一瞬ホッとする。

彼がバスルームにこもっている間、私は隣の部屋で自分のやること、つまり書き物をしたりタバコを吸ったりするしかない。彼が入って行く度に「もし出てこなかったらどうしよう」と苦しんでいた。まるでロシアン・ルーレットだ。

付き合い始めた頃のビルの健康への衝動は、彼が毎日自分に施している免罪の中に埋もれてしまっている。なぜ彼が私をここに留めておくのかわからない。無視され、愛されていないと感じてしまう。

Tuesday
5 A.M.

Laurie —

I'll never forget your face as you told me
"I only want you to get better" —
I'm afraid you saw the side of me that I
don't allow to surface very much. I was truly not
that bad off — only giving in to fear and indulgence
Please forgive me — you are giving me a loving
and wonderful thing and I returned an unworthy
feeling.
I need you — it will happen.
You are the love that's every answer

B.

火曜日
午前5時

ローリー

「私はあなたに良くなってほしいだけなの」と言ってくれた時の君の顔は決して忘れない。

あまり表に出さない私の一面を見てしまったかもしれない。私は本当に悪い人間ではないのだけれど——恐怖と甘えに負けてしまった。

許してほしい。君は私に素晴らしいものを与えてくれているのに、私は君に相応しくない煽りを返してしまった。

私には君が必要だ。それは必ず起こる。

君こそがすべての答えとなる愛なのだ。

B.

バンクーバーに戻って

私は結婚しようとしている乙女でもないし、ましてや撫でるだけの愛人でもない。あなたの体のシルエットが光るのを見、息で胸が上下するのを見、苦しむのを見ている。私の、乱れた、いつかは死ぬ、小さな体の中で孤立しながら。

あなたの肉体がフォートリーの灰色の空のように衰えていくのを見て、どんなアングルから見るかを考え、あなたの魂の強さを感じる。その魂はロマンティックで優しく、クレイジーな思いを巻き起こし、もどかしい夢は肉体を軋ませる。

ビルへ

日々あなたの影響を感じている。思い出はあるべき場所に収まり、音楽は私に取り憑いて離れない。創造的な精神が私の時間を埋め尽くす。悲しい白昼夢や創造的な冒険、そしていま私が生きている、人生という名のこのロマンティックなストーリー
判断することなく
後悔することなく
これは禅?

魂のままに
ローリー

その間に

アレックス・ブルハンスキーと会ったのはデンマン近くのデイビー・ストリートにある酒屋だった。私が選んだワインをネタに、ニューヨーク／スラビック／ジューイッシュ／シアター的なセリフで声をかけてきた。

面倒なことになりそうな気がしたので、ビル・エヴァンスのガールフレンドという無敵のヴェールを被って煙に巻こうとしたのだが、それがかえって気を引いてしまい、道を渡ってほとんど家具のないウエストエンドにある私のアパートに来ることになってしまった。

アレックス・ブルハンスキーは、私とやりたいわけではないと言う。彼にはステディなガールフレンド、同棲中のガールフレンド、というより内縁の妻がいるらしい。そう、やりたいわけじゃないんだ、私のアソコを舐めたいだけなんだと言う。

なんとも奇妙な話だ。不倫にはカテゴリーがあって、色んな性行為にはそれぞれ「モラルメーター」があるとでも思っているのだろうか？

「奥さんの名前はなんて言うの？」と彼女のことを話のど真ん中に持ち出してみた。私はこの気持ち悪いやつといったいなにをしているんだ？

「ジョーイ」と答えた。「彼女とは、こういうことに関して合意済みなんだ」

「なるほど。彼女に会ってみたいわ。紹介して」

この状況から脱出するための私なりのセリフ(ライン)であり、アパートから引っ張り出すためのライフライン。セーフティーラインを頼りに盲人が盲人を連れて行くようなもの。彼の家、彼の人生、彼の妻に連れ戻すためのラインだ。

彼らは2ブロック先のペンドレル通りにある八角形のツインタワーのひとつに住んでいた。ジョーイはペンシルバニア出身の気さくな長髪の美女で、グリーンカードを持っておらず、アレックス・ブルハンスキー(別名：ブルックリンのエディ・ブルックス)となんとか地下生活を送っている。人生の安定や約束事っていったい何なの？　と思っている三十代前半のカップルがおままごとのような人生を送っているわけだ。

アレックスは私たちに夕食を作り始めた。細長いキッチンで彼がニンニクを刻むのを見ていたら「スターアニス」(そんなもの聞いたこともない)を切らしていて、今すぐに買いに行かないとちゃんとした夕食を作れないと罵り始める。

彼が出ていき、ジョーイは私にワインを勧めてくれ、ソファで隣同士に座り、三十歳の彼女の色んな混乱について話し始めた。フォルクスワーゲン・ビートルを駆って国境を超えて新天地(バンクーバー)に本命のエディ・ブルックスに会いに来たこと、彼が突然アレックス・ブルハンスキーになっていて自分の劇場を建てたいと思っていたこと、どうやってメインストリートに場所を借りられたのかということ、今まさに建物の中を解体作業中だということ。

＊

完成したら無料の演技レッスンを受けることを条件に、彼らの芸術的冒険に参加して乾式壁の工事を手伝うことにした。それから数か月、ジョーイがハンマーを振り回し、巨大な石膏ボードを持ち上げて嵌め込み続けている間に、彼女が妊娠していることに気がついた。つまりふたりどちらにも赤ちゃんができたのだ。ジョーイにはキーラという名の女の子が、アレックス／エディにはブルハンスキー・シアター・スタジオが。そしてボッシュは、ウェイトレスの稼ぎを補うためにバンクーバー・イースト・カルチャー・センターのハウス・マネージャーのアルバイトをしていたのだが、彼女もすぐにここに合流してきた。

最初のクラスは六人ほどで、それぞれに台本が渡され、勉強を始める。私はテネシー・ウィリアムズの『財産没収(This Property Is Condemned)』という戯曲だ。鉄道の操作場構内を彷徨う孤児の女の子が、男の子に自分のことを話し、目をつぶってレールの最後までバランスを取って歩かせる。ひとりで姉や母の死を目の当たりにし、孤独で、ソーシャルワーカーを避け、そんな話を男の子と共有するストーリー。自分の悲しみをちゃんと意味のあるものにするために。彼女は言う。「姉のアルヴァは、映画の一場面のように死んだんじゃない」

台本を勉強していたら、靴磨きの仕事をしてキャラクターになりきることをアレックスが提案してきた。いずれにせよ何かしら稼がなければダメだったし、やらない理由はない。プロに弟子入りしたいと思い、ホテル・バンクーバーに行って地下のホワイエで靴磨きをやっている年配の男性に自己紹介し、数時間教わった。道具も見せてくれたのだけど、彼のスプレーボトルには実際には水が入っていた。秘密の光沢仕上げだ。

ホテル・ジョージアの地下にある男性用ヘアサロンで靴磨きを募集していることも教えてくれたので、1ブロック先のジョージアに行って経験豊富な靴磨きだと自己紹介する。靴磨きを切望していた理容師たち(全員イタリア人男性)は乗ってくれ、前任者が置いていった椅子と靴磨き用品の木箱を見せてくれた。

そして働き始める。毎朝二、三時間、キャップを被ってゆったりした服を着た1930年代の少年のようないでたちで。お客さん(男ばかり)が椅子に上がり、私はその日の気分でピンクやダークグリーン、黄緑色などの、長いイブニンググローブ(ボッシュの持ち物)を取り出す。一番面白かったのはこの男たちをジョークで笑わせること。椅子の上の彼らをあっという間に笑わせるのだ。もちろん彼らはチップをはずみ、常連客になった。

ビルからの電話

バンクーバー　1980年4月

ようやくビルから電話があり「来てほしい。そして好きなだけいてくれ」と言う。コカインのことに触れ、綺麗な身になったかと尋ねると優しく笑った。そして「うん、綺麗になったよ」と言いながらさらに笑う。

私も笑わなければならない。彼も信じられず、自分も信じられず、私のモラルは思考停止してしまっている。

「できるだけ早く行くわ」そういう私の声にはどこか安堵の響きがあった。また離れなくてはと心配せずに一緒にいられる安心感。彼をひとりにするということは、一緒にいるという贅沢をなくしてしまうこと。一緒にいることですべてがうまくいくのだ。判断はしない。純粋な思いやり。私の心を満たしてくれるのだ。私もビルと同じくらい、この再会を必要としている。ふたりとも必要としているのだ、もう大丈夫。

そして私は戦場へと戻る。古い注射器、腐った肉、セックスと愛についてのロマンティックな考え、それがビルの戦場。大方がセックスで、そこには、お互いを完全に受け入れ、真に繋がる愛がたゆとっている。セックスは残りの緊張感をすべて拭い去り、調和とは何かを理解させてくれる。

私がメロディで、彼がハーモニーを形づくる。私は、彼が私を探りながら幾度もプレイするリフレイン。彼に対して自分を開き、彼を取り込み、彼は私になる。こうして自分を愛することを学ぶのだ。なんの制約もない。この愛のために生み出したことはすべてうまくいくのだから。正当化したり測ったりする必要もない。この愛は完全だし、再生できるのだから。

私たちはふたりきりになれた。

いつものように。

誰もこの時間を邪魔することはできない。

クラブやライブや食事に出かけたり、彼の妻や子供たちを訪ねたりするけれど、それは常に私たちなりのやり方という神聖さに包まれながら。何か宗教のようなもの。信じる神こそいないけれど、与えられたものを、ただ静かに理解するのだ。これこそがリアルなこと。

他のすべては超現実的であり、集金人も、ビルの骨折した手首がギプスで固定されていることも、コネチカットの彼の家族もファンも、私たちの絆を邪魔できるものは何もないのだ。最も暗い闇の中では、そこかしこにある死の影に優しく笑いかける。それが幸せな人生を送る方法なのだから。

周りから離れたところでの幸せな人生。争わず、何かになろうと苦しまず、ありのままの自分たちでいること。

ビルは常に家でピアノで曲を作っていて、私はそれを聴きながらいつかすべてを書き留めることになると思っている。そして私が今のビルと同い年、五十歳くらいになった時にまたこんな黄金の瞬間を過ごしているのだろう。夕暮れ前の日差しのもとで、マルボロを吸いながらリビングルームのソファに横たわり、ビルが自らの魂を探り、伝えようとするのを聴いているのだ。ローリー、これを忘れちゃダメよ、と自分自身に言い聞かせる。この愛を覚えておくのよ。

マネージャー　ヘレン・キーン

ビルのマネージャー、ヘレン・キーンは、高圧的な発言と巨大な八角形のサングラスを隠れ蓑にしている。ブロンドで日焼けしたガサガサ肌の五十代後半の女性で、私のことは「一時的な迷惑もの」と位置付けている。

彼女が実際の状況を理解しているとは思えない。ビルが死ぬということは、彼女には考えられないことなのだ。彼女のマネジメント能力にはコミュニケーションというものは入っていない。彼女とビルとの繋がりは、未払いの請求書の支払いから、レコード契約までに渡るのだが。

彼らはお互いに頼っていた。彼がお金を稼ぎ、彼女が管理する。彼女は何かがうまくいかない時は泣き叫び、ビルは「気まぐれなアーティスト」は彼女ではなくて自分だと慰める。

ビルの最初の妻、エレインがラスベガスから帰ってきた後、死体置き場で彼女だと確認したのはヘレンだ。その時ビルはぼろぼろになって、ニュージャージーのどこかのホテルで新しいガールフレンドの腕の中にいた。

ヘレンとビルの関係は十八年続いた。最後の方はその関係は崩れ始め、彼女の友人の会計士、アレン・ゴットリーブをビルの金銭面のエージェントに任命したり、私をロードマネージャーにしたりしたのだ。

ビルが新たな依存症の末期症状にはまっていく様を見るにつれ、彼女の不安とヒステリーは積み重なり、ビジネスとビルへの愛情の両方でどんどん消耗して行った。

ふたりの関係は、ビルが彼なりのやり方で自由な感覚を保てるかどうかにかかっていた。そのために、彼女がクラブやレコード会社との生命線を維持しつつ、音楽業界のデタラメさを切り抜けていく構図だ。

ヘレンが前に出るよう、ビルは彼女の後ろにいた。そして彼にとっての典型的なヴァルキューレの戦士は、ドラゴンを倒し、クライアントの利益を守るのだ。

ビル・エヴァンスというカードを持っていれば、誰もが強くなった気になる。私もそうだった。ビルと私の関係がどうなっているかを伝えたかったけれど、彼女は興味を示さなかった。彼女がどれほど恐れているかがわかる。それは夫、十八年間、契約書、すべてを失うようなものなのだろう。

私にとっては、愛、ジャズ、芸術性、そして後に(ずっと後に)家庭生活、へと目覚めていく人生の過程だった。

私たちはまったく違う世界の住人で、彼女は古い世界に、私は新しい世界に、そしてビルはその架け橋だったのだ。

ビジネスミーティング

アレン・ゴットリーブ(会計士)とヘレン・キーンとのミーティングのために、コロンバスサークルの近くでコーヒーとドーナツ(ビルにはクルーラー)を買う。

遅刻しそうなのでビルは先に上がっている。アレンのオフィスはセントラルパークのどこか雲の上の方にあり、私はドアマンと話を付けなくてはならない(彼は映画プロデューサーのロバート・エヴァンスに会いに行くのかとしつこく聞いてくる)。

到着してドーナツとコーヒーを差し出した。すべて決まったところだった。今後、アレンはビルの会計担当となり、ビルの総収入の一定割合を受け取る。ヘレンはビルのキャリアを管理してこれまで通りのパーセンテージを維持し、私はビルのロードマネージャーとなりライブやコンサートで直接受け取る収入を管理、パーセントはなし。

ビルは具合が悪そうで会議を早々に切り上げる。私は外に出て、この会議には何か意味があったのだろうか、実はコーヒーとドーナツだけしか意味がなかったのではと思うのだった。

とにかくビルは、請求書は開かずに溜めておいて、アレンに送ればいいことになった。ほとんどのプロデューサーはヘレンと直接取引をしているので、引き続きほとんどのお金は彼女のところに入る。

ビルはこれからも、自分の「習慣」を続けるためにありったけのお金を欲しがるだろう。

そして私は、必要なときにはコーヒーとドーナツを出し続ける。

ビルの監視役

自分を罰したいという独りよがりな欲求はもはや私の中にはなくなり、今は捕食性の母性本能に目覚め、思いやりのある存在へと変化し、ビルの今の状況に関わる人たちをどうやって守るかを考えている。

ビル自身には私の保護は必要ない。彼には計画があり、静かに死んでいこうとしている。彼がヘレンとアレンとお金のことでゲームをしているのがわかる。忘れてはならない重要な役目があるので、私もそのゲームに参加している。ビルの監視役だ。

私が明晰でいることは不可欠だ。私たちの置かれている状況、一緒の生活、他のすべての楽器と人々が発する音、これらを明晰に捉えてビルに戻す。ビルは聞きながら、我々皆に方向性を示すのだ。

私はまず自分の意志をはっきりと確認し、そして献身と降伏へと進む。

14丁目

ニューヨーク・シティ　1980年6月

ビルの調達人と会ってから、ヴィレッジのある14丁目でタクシーを待っていた。私はグレーのウールのプリーツ入り七分丈のスカート(ほぼ私の制服)姿。十代の男の子たちがたくさん乗って、窓から身を乗り出して騒いでいる車が通り過ぎていく。

彼らは卵を投げ始め、ビルに当たったのは割れずに跳ね返り、私に当たったのは割れてスカートに中身が飛び散った。私は驚いたが、ビルは笑って「この世界でのふたりそれぞれの立ち位置を教えてくれているのかな」と笑う。

私たちを魅するもの

長年のヘロイン中毒による深い傷跡が残っているビルの体を初めて見たとき、そこまでさせてしまう魔力はすぐに理解でき、そんな体をも動かし続ける精神力には畏敬の念さえ抱いた。この世のものと思えないいくらいだが、二十二歳の肉体が自分の精神を宇宙へ投げ飛ばそうとするよりはリアルだ。

彼の肉体の叫びが聞こえる。彼の肉体と私の肉体は作用し合い（細胞の交換）、静寂と受容へと向かう。

彼の肩甲骨の間には、人間の手や注射器に触れられていない完璧な翼がある。アキレス腱の逆で、弱さや傷つきやすさでなく、強さがある（私たちふたりを魅するもの）。

ビルはその翼を持っていた。

ビルの腰と太ももにできた空洞状の膿瘍に、ゴールデンシール（北米原産の薬草）の粉末を流し込む。どちらも感染して膿が出ている。ビルは包帯を巻き、注射器で突いて自宅で治そうとしていた。

こんな感染状態に、彼の体はあとどれくらい耐えられるのだろうか。私はアーモンドオイルで彼の足を揉みほぐし、緊張をほぐし、愛で抱きしめる。

彼の動きすべてに深く耳を傾けると、そのひとつひとつが私のクラウン（チャクラ）に贅沢に細工されていく宝石のように思える。

（ヴィレッジ・ヴァンガードの奥の方に皿洗いのジェイと静かに座ったり、ステージの近くにいると、一音一音が少しずつ美しさを増していったものだ）

彼は光に包まれながら、顔色は長年の肝臓病で黄ばんでいる。

彼の傍に横たわり、すべての動き、規則正しい息づかい、軋み、引き攣る魂に耳を澄ませる。彼が生きていることを願い、私が彼を深く愛していることに気づくよう願う。この魅力はよくわかる。ビルは静かな王座に座り、誰もが神経を張り詰めながら聴きたがるのだ。この魅力はよくわかる。私は、この私たちを魅するものに満たされているのだ。今という時に向かってくるこの魅するものは、魅惑的であると同時におぞましい。彼が語るのは静寂。心の奥底に沈んでいくのなら、私が理解し、守り、包み続ける。疲労が勝り、望むものは休息。3〜4グラムのコカインを手に入れて注射する緊張感と引き換えに、ビルはようやく眠りについた。

今は私も休んでいる。彼の腕は頭の上に持ち上げられ、手はベッドサイドのランプの方にぶら下がっている。二十分後にまだ腕が上がっているのを見て、そっと彼を揺り起こし腕を指差しながら、どうやったら寝ている間そんなままにしておけるのか尋ねた。

「最小限の頑張りでね」と彼は答える。

ビルのための荷造り

ビルと私は、出会ったその時から旅の支度を始めていた。物事を整理し、何を持っていくかを決める。

彼の依存症をどうすればいいか、こんな空想をしていた時期があった。とても明るくて影など存在できない部屋があり「とてもシンプルなの。ビル、もう影は必要ないのよ」とそこでの自由を彼に説明するのだ。

影を丁寧に畳んでバッグに入れる必要もない。

荷造りするバッグはひとつだけだから。彼のバッグだ。私は、母親が息子のサマーキャンプの荷造りをするように、彼が持っていかなければならないものをすべてわかっていた。

死への待合室

ビルの依頼で、ネネットが彼女の家の地下室からいくつかの箱を届けてくれた。私は、（ビルについての）新聞の切り抜き、グラミー賞のトロフィー、ビルの母が描いたビルとエレインのシャム猫のフロリダ風の油絵などを物色する。

ビルの思い出を彼のために荷解きしているのだ。

ビルはネネットとの結婚生活のエピソードを話してくれた。ツアーから家に帰ると、ネネットは彼の新聞や雑誌の切り抜きコレクションを大量に切り刻んで、部屋の仕切り板にモンタージュを作っていた。このことを、子供にクリエイティブな力があってそちらに方向付けする必要があると気づいた親のように語っていたのだ。

私たちは一緒に生活するために荷解きしている。でもビルのアパートは、どうやっても完璧なホテルの部屋(ベビーグランドピアノと眺めの良さで完結する部屋)であり、決して家にはならないのだ。

私はこのことをジョークにし、完璧に40年代風のホテルの部屋の3Dポップアップカードをプレゼントした。

「これなら本当にどこにでも持っていけるでしょ。『出かける時は忘れずに』」と伝える。

家にいる時も、私たちはいつも楽屋にいるのだ。そして出番を待っている。

この楽屋は十分広くて必要なものはなんでも揃っているけれど、私たちは本当に何かを待っているのだ。私はビルを待ち、ビルは死を待っている。ふたりとも、これがあとどのくらい続くかと思っている。自ら招いた十二か月にわたる大仕事をこなし、待ちながらもビルはずっと曲を書き続ける。曲は完全な形で姿を現し、ビルは金の卵の巣の中でくつろいでいる。

そして私は、何が大事で何がそうでないかを理解し始める。目を凝らし、耳を澄まし、ここにいることについての何かを。

ビルはパッド付きベンチに裸で座りながら、ピアノで音を探る。私は彼の隣のソファに横たわる。夜中の一時だから彼はとても小さな音で弾いている。私の理性は、人生はこんなにも素晴らしいものなのかという考えを打ち消そうと懸命だ。

しかし、私は恋に落ちてしまい、今さら引き返すには遅すぎる。

だから私は、なるべくビルに近づけるように横になり、ビルは死に近づいている。

そして私たちは共に待つ。

ナルディス

ヴィレッジ・ヴァンガード　　　１９８０年６月

内面的な強さと脆い美しさが絡み合う
ベルベットの手袋の中の鉄の拳
馴染めないもどかしさで重いビルの左手が
滑らかな象牙の上に落ちる
象が通り過ぎた古の痕跡

ヴァンガードでひとり、その夜最後のセット。ビルのトリオはステージに、私は壁際のベンチに押し込められていた。今夜のセットの締めくくりは「ナルディス」のロングバージョン。七分間のソロイントロから始まり、二十年間弾いてきたこのマイルス・デイヴィスの曲を歪んだ形で探究する。

誰もメロディを認識していない。不協和音に頭をもたげ、豊穣な白髪の怒れるたてがみが広い額を縁取り、驚きの苦悶で眉を上げる。

ビルは自分自身を磔にし、自らの苦悩を人前でさらけ出し、抑えきれない情熱と、生々しい歪みを何にも囚われずに表現しているのだ。

彼はその歪みを私たちリスナーのために翻訳し、「あるもの」と「ないもの」の二分法を認識できるようにしている。

私たちの私的な苦悩を人前に晒しているのだ。ふたりの完全な愛、純粋な存在、純粋な光が、どうして人の考えるところの完璧さに絡め取られてしまうのだろう?

ビルはこの歪みを、激しい怒りと大きな悲しみをもって表現している。

彼は人生という名の試合の状況を知っているし、自分が死につつあることも知っている。目撃したすべてを統合し、天頂に行くためのロケット燃料のようなものを調合しているのだ。

出発の日がいつになるかはわからないが、彼が準備できていることは、音楽を聴く耳を持っている人には明らかだ。

私は今晩、ヴァンガードの後ろの方で、今日は死ぬのに良い日かどうか考えながらじっと待っている。ビルが逝ってしまえば、私の仕事も終わってしまうだろう。

これが私の考える結末。彼と一緒に終わろうとする自分がいる。

純粋な愛の悟りの中にいる自分が見えて、その先の人生は想像もできない。

ビルは、重い和音とクエスチョンマークで曲を締めくくる。

ビルを待ちながら

ニュージャージー　1980年7月

ビルはヨーロッパに行っていて、私はひとりで夜更かしをしている。ジョニー・カーソン・ショーをやっているテレビの青い光が自信喪失の私をぼんやりと救ってくれる。

私はここで何をしているのだろう？　ビルがいないと目的さえわからなくなる。

私は何を待っているのだろう？　ビルがヨーロッパの夏のフェスティバルシーズンを乗り切るのを待っているのだが。オランダのプロモーター、ヴィム・ワイトが可能な限り詰め込もうと組んだ過酷なツアーだ。

私がここにいるのは、ビルが戻ってくるためのスペースを確保するためなのだろう。彼が戻ってこられる何かを、帰巣装置のように。この永遠に緑色の部屋で待っていると、私はいつまで外の世界に、ビル・エヴァンス以前の私の人生に、ポーズをかけて止めておけるのかと思ってしまう。

ロンドン公演

ロンドン　1980年7月

ロンドンのロニースコッツでビルが二週間演奏する間、私がロンドンに来られるように手配してくれた。

ホテルの部屋に着くと、彼はベッドの上に新聞紙を重ねて寝ている。何をしているのか聞いたら、新聞を持ち上げ、マットレスにディナープレートほどの大きさの焼けた穴が開いているのを見せてくれた。タバコの焼け跡だ。彼はホテルのメイドに見られることを心配していたのだが、私はマットレスを裏返して焼けたシーツを処分することを提案し、その通りにした。

数週間ビルと離れていたので、いつもの方法で再会を図る——ロングバージョンのラヴメイキング。

メイドに頼んでもらったシーツに取り替えた後、彼にアプローチした。でも彼は無反応でバスルームに行ってしまう。ひどく拒絶された気持ちになる。直前の連絡にもかかわらずニューヨークからすぐ駆けつけたのに、彼はひとりになりたいと言うのだ。

テレビをつけると、ピーター・セラーズがちょうど亡くなったところだった。私たちが好きな映画のひとつ『チャンス(Being There)』でピーター・セラーズが演じた禅的なキャラクター、チャンス・ザ・ガーディナーを私たちは尊敬していて、このサヴァン症の主人公が、シャーリー・マクレーンがオーガズムに達するのを見ているシーンがビルは大好きだ。

彼はバスルームからなかなか出てこない。ようやく出てきたら、実は自殺を考えたが、隣の部屋に私がいると思うと実行する気にはなれなかった、と告白するではないか。

ビルは、エレインの何度かの自殺未遂について話してくれたことがあった。手首を切ったが、あまりに喉が渇き、飲み物を求めてバスタブから這い出し、結局救急車を呼んだ話(人生の不条理)とか。でも彼が自殺という手段を選ぶ可能性はまったく考えていなかった。

この告白で、私の仕事はさらに大変なものになる。ビルに万が一のことがあった場合どうすればいいのか、私にはまだはっきりわかっていない。しかも、異国の地ではさらに複雑なことになるかもしれないし、信頼できる人もいない。

＊

クラブに向かう途中、路地裏に入って燃えたシーツを処分した。ビルは、クラブに着くと真っすぐに楽屋に向かう。楽屋の奥にはクローゼットに電球ひとつと椅子が置いてあるだけのスペースがあり、出番の合間をビルはここで過ごすのだ。この部屋で瞑想しているんだと周りの人たちにジョークを言っている。

最初のセットでは、イギリス人俳優のジョン・ル・メスリエールと一緒に座ることになった。彼はライブ中に涙を流し始めたのだが、他の観客も同じだった。ビルが絶対的に不安定な状態にあり、葛藤と悲しみに満ち、大きな絶望に直面しているのは明らかなのだ。

この大の大人が泣いている姿には、何か甘い優しさがある。でも私は泣かない。私の心の中には氷山があり、時間の中で凍ってしまっているようだ。

今夜はビルの旧友であるブライアン・ヘネシーが見に来ていて、田舎の自宅で一緒に食事をしようと誘ってくれている。ビルは休まければと私は心配になるが、旧友に敬意を払いたいようだし、私自身も話し相手が欲しいところではある。ビルは、ロンドンに何時くらいに戻れるか、どうやって調達人のヘンリーを訪ねるかも考えているようだ。

ロニースコッツでの二週間のライブが終わると、ビルのもとを去らなければならなかった。残りのツアーに付いていけるわけはない。もう二度と彼に会えないのではないかと、大きな悲しみを胸に抱きながら別れた。

ビルがこの漫画を描いてくれたのは、1980年7月のことだった。ボートに乗っている男は、自分の人生の行く末ばかりを気にして、人生のユーモア(島で表現されている)を見逃してしまっている。「To Miss Ecks」と書かれているところは、私の名前の誤記とミステリアスなところからビルが私につけたニックネームで、後に私たちはミスXとミスターEになる。

日記から――ビルがヨーロッパにいる間

フォートリー／ニュージャージー州

1980年8月6日

ビルがノルウェーから電話をかけてきて、病気になったと伝えてきた。熱が出て演奏ができなくなったと。ストックホルムの粗悪なコカインのせいだ。私もとても悲しく、孤独で、混乱し、一番大事なもの――彼の芸術と尊厳――を守らなければならないという絶え間ない怒りで弱っている。

彼はこの世界で独りぼっちだ。私は彼の近くにいることが多く、彼の孤独な世界の広大さを知っている。この影は私の魂に重くのしかかる。痛みと美しさ、暗くて神秘的。

彼も自分の存在の悲劇に気づいているに違いない。

1980年8月11日

あなたの帰国に向けて色々と進めている。マックス・ゴードンに次のライブのアドバンスを頼んだら、ヘレンが他のクラブにブッキングしたことにすごく怒っていて、電話を切られてしまった。美容師のチャック・コンクリンに予約の電話をしたら、月曜か火曜ならいつでもいいとのこと。金曜日にはジーン・マンフリーニがピアノの調律に来てくれ、フェンダーのローズ・ピアノはシダー・ウォルトンに650ドルで売って、そのお金で諸々の支払いも終了。IRS(国税庁)はまだあなたの件を調べているけれど、召喚状は税理士のアービン・ロスに回せばいいと思う。メタドン・クリニックのメアリー・エレンにも電話して、月曜日に薬を取りに行くので、あなた用に何か二階に置いておくように依頼済み。月曜の夜9時は精神科医のラスコウィッツ先生の予約があり、これはキャンセル不可。たぶんその予約は私が使わせてもらおうかな。

1980年8月14日

今朝、ドアマンが小包を預かってくれていた。トム・ドレイクからのプレゼントで、宛先は「ニュージャージーのローレンスへ」。ドアマンはこの宛先をいたく気に入ったようだ。部屋に戻って小包を開けると、スタニスラフスキイの『俳優修業(An Actor Prepares)』という本が入っていた。まずは9ページと説明書きを貪り読む。架空の演劇クラスで学んでいる学生の日記のようだ。

「なによりもまず、彼らは、美しいものに、眼をやり、耳を傾け、聞き取ることを教わらなければならない。そういう習慣は、彼らの心を高め、彼らの情緒的記憶に深い痕跡を残すような感情を喚び起こす」「ほんとうに美しいものは、汚れを恐れるいわれはちっともないのである。まったく、汚れは、美を引き立て、ひとしお際立たせることが珍しくない」「美と醜と、両方を捜し出し、それをはっきりさせ、それを知り、見ることを学びたまえ」「次に、美術、文学、音楽などにおける人類の産物に向かうのだ。我々の仕事のための創造上の材料を手に入れる、すべての過程の根本にあるのは、情緒である」

*

バンクーバーの霧を彷彿とさせるような霞がかった日。私はコーヒーを淹れ、書き始めた。感情の波が私を襲う。書くのをやめて、ダニー・ハサウェイが歌う「フォー・オール・ウィ・ノウ」をかけてレコードに合わせて四、五回歌った。次に「タイム・リメンバード」をピアノで弾いてみる。そしてビル、最後にはあたかもあなたがそこにいて、「タイム・リメンバード」を弾いているかのように聴くことができたの。

1980年8月15日

ヨーロッパから帰ってきたビルに何を期待したらいいのだろう。数日前、彼が貪欲な状態で帰ってくる夢を見たのだが、それはおそらく戻ったらコカインが必要になるということなのだろう。

私が用意している贈り物はどうも適当でない気がする——ピアノを調律してもらったこと、彼の車を返してもらったこと、そして私が彼のためにここにいること。

ビルの最後の誕生日

ニューヨーク／ラガーディア空港　　1980年8月16日

ビルがヨーロッパから電話をかけてきて、空港まで迎えに来てほしいと言ってきたのだが、これは私にはあまり居心地が良くないリクエストだ。免許は持っているが、これまでニューヨークで運転しなければならないことはなかったし、メガネも持っていない。

それでもなんとか国際線到着ターミナルまで辿り着くと、ビルが歩道に立って、三十代前半の太った黒人のバゲージポーターと口論しているのを見つけた。

この振る舞いには驚いた。ビルがこんな風に冷静さを失うのを見たのは初めてだ。彼は重いスーツバッグをカートから掴んでトランクに入れたが、その間もチップを待っているポーターには背を向けたままだった。

顔には疲れが見え、汗をかいていて、興奮しているようだ。私は助手席に移り、ビルが運転席に座った。

暑さと湿気で嫌な匂いがする。ビルがエアコンのスイッチを入れ、私たちは空港内の渋滞を抜けて、フォートリーの自宅に向かうフリーウェイに入った。

帰り道は静かなものだ。数日前、ビルがノルウェーから私に電話をかけてきた時のことを考えると、ビルに何を期待していいのかわからない。絶望的な感じだったし、もうロープの最後まで来ているような感じだった。エヴァンと最後に話そうとネネットに電話したとも言っていた。ネネットは電話口で泣いていたそうだ。私は彼が帰ってこられたことが本当に嬉しくて、何も言葉にすることはなかった。

車を地下の駐車場に停め、私は荷物をカートに乗せてエレベーターまで持っていくのを手伝う。九階まで上がり、突き当たりにある私たちの部屋に向かう。９A号室だ。

太陽が部屋に降り注ぎ、すべてが整然としている。冷蔵庫にはペプシとホットドッグが入っていて、そして彼のフェンダー・ローズのエレクトリック・ピアノをシダー・ウォルトンに売った残りの６００ドルがある。これは私からのサプライズ。キャッシュの束。彼の誕生日を競馬場で祝いたいなと思っていた。

でもビルには、このお金と今日について別の考えがあるようだ。

疲れきっていてコカインを手に入れるために電話をかけることもできず、彼はベッドの上に用意した枕に倒れこむ。背中の上部に激しい痛みを訴えている。かなり危険なサインに思える。ビルは体の痛みを訴えたことがないからだ(彼の体調が急速に悪化していることや、過密な旅行スケジュールを考えると、驚くべきことだった)。

心配になって、医者に診てもらおうと普段なら彼が大反対しそうなことを提案したのだが、驚いたことに彼も賛成し、ニュージャージーのイングルウッドにある病院が良いだろうと言う。

数分後、私たちはイングルウッドの病院に向かっていた。ビルが運転し、病院の場所もどのくらいかかるかも正確に把握している。二十分後、救急病棟の前に車を停めたが、駐車場には他の車はあまりなかった。建物はレンガ造りの一階建てだ。ビルは大量の汗をかき、痛みも明らかなのに、受付の女性に落ち着いて自分の容体を伝えている。

ほとんど誰もいない待合室に座ったが、ビルは顔面蒼白で、なんとか痛みに勝とうと体の中に集中しているのがわかる。

(もしかしたら、診察室で新しい注射器をかすめる方法を考えているのかもしれないが)

数分後、ビルは診察室に案内され、私は待合室に取り残された。彼の足の塞がっていない傷や、他の古傷をどう思うのだろうか。当然、入院させたがるだろう(そうなったら私には大いなる救いになる)。ヘレンが組んだ西海岸や日本へのツアーはどうなるのだろう。

四十分後、なんの異常もないという検査結果と、胸ポケットの新しい注射器と共に出てきた。胸のレントゲンを撮ったところ、大方の三十歳の若者よりも肺の状態が良いと言われたと言う(ここは彼を信じる)。しかしこの医師たちにはかなり驚かされた。私はこんな話を聞いてもまったく安心できない。新しい注射器を手に入れるのが最初からの目的で、そのためにスタッフ全員に何かの魔法をかけたのではないかと思ってしまう。

彼に処方されたのは、筋弛緩剤とベッドでの休養だった。激しいツアーのストレスと疲労が原因だと診断されたのだ。

確かにそうではある。

しかし、猛烈な感染症、栄養と睡眠の完全なる欠如、アンフェタミンと赤ちゃん用下剤を混ぜた精神病的なまでの量のコカイン、一日1パックのフィルターなしのキャメル、これらについてはどうなっていると言うのだろう?

何事も見かけを信用してはいけないのに。

さらに日記から

1980年8月17日

私はもう、ひとりではいられない。混乱しているし、悲しいことに何か精神の支えが必要なのだ。ビルには頼れない。彼には無理。彼の精神ももう底を尽きかけているから。私たちふたりにとって、とても辛い時期なのだ。ビルはバスルームでコカインを打ち、私はリビングルームのソファに寝そべって書き物をしている。泣きたい。でも、何がありで何がなしなのかというこのフラストレーションを整理するために書くのだ。ビルには、自分の精神と魂にチャンスを与え、再び生き始めてほしい。私自身にも、自分の感情を誰かに預けるのをやめて、自分の人生を再び生き始めてほしい。

1980年8月20日

ビルは今日の午後、ピアノを弾こうとしたけれどうまくいかず、三十分後にピアノを離れた。精神的にも肉体的にもとても落ち込んだ状態だ。自分のキャリアや家族、借金などが重くのしかかっているのだ。この状況はとても深刻で、私にできることなどほとんどない。彼が本当に素晴らしいアーティストであり、美しい人間であることは間違いないと彼に言ってあげることはできるけれど。そして彼の音楽をかけ、お風呂に入れてあげる。心の中では泣きたいほど飽き飽きしている。ビルの状態が変わるのを待つのにも、自分の人生を取り戻すのにも、待ちくたびれている。

ジャン・ポール……これは実存的な地獄だ。

1980年8月21日

再び星が動いた。ビルが元気になってきたのだ。西海岸ツアーにはポートランドのクラブも含まれるようになり、私はバンクーバーにもちょっと寄れるかもしれない。ボッシュに電話して伝えようと思ったが、番号をダイヤルしても応答がないので、妄想が頭をよぎった。もしかしたら、彼女は私と話したくないのかもしれない。

私はまだ彼女にお金を借りていて、それを重く感じている。でも、そろそろ再会してもいい時期だとも思う。私たちの冒険はまだ終わっていないはずだし。ふたりでドライブ旅行をするのも悪くない。私たちが大好きな劇作家の故郷、ニューオーリンズとか。今夜は世界のすべてがうまくいっていると感じる。私はまさに、私がいるべき場所にいる。

利益の相反

誰にとっても、とても苦しい時間だった
自分の中に沈んでいくビル
ヒステリーになっていくネネット
ビルのキャリアのハンドルを握ったまま立ちすくんでいるヘレン
そして、その混沌を黙って見ている私
この破滅したコーラスの中の私の声はどこ?
なぜ私には結末がはっきりと見えないのだろう

ユア・ストーリー

ロサンゼルス／マーヴ・グリフィン・ショー

1980年8月23日

有名なテレビトーク番組『マーヴ・グリフィン・ショー』のリムジンの運転手がロサンゼルスの空港で出迎えてくれた。ビルはコカインを手に入れるために、スタイン・オン・ヴァイン（楽器屋兼麻薬密売所）に立ち寄らせた。ビルが車の中で休み、私がルー・リーヴィ宛のメモを持って中に入る。カゴに入った鳥、楽器、鉄格子の窓、鎖のフェンスなど、奇妙なものが所狭しと詰まった部屋をいくつか抜けて、ルーは私を裏口へと連れてきた。

あまり時間がないので、私は彼に現金を渡し、彼は私にコカインを渡し、十分ほどで出てきた。ビルは顔色が悪く、汗をかいていた。髪は数週間洗っておらず、ＶＯ５のヘアスプレーを大量に使って固めていた。

数分後にスタジオに到着すると、ビルはスーツケースを片手に着替え用の楽屋に真っすぐ向かう。私は待合用の共同楽屋に案内され、大きな四角いガラストップのコーヒーテーブルを囲むように置かれたソファに腰を下ろした。

驚いたことに、テーブルの中央にはコカインが山積みされていた。なんて皮肉なことなんだろう。ビルはコカインを手に入れるために走り回り、時間ギリギリに到着して楽屋に駆け込んだというのに、このコーヒーテーブルの真ん中には手付かずのコカインの山があるのだ。

しばらくしてビルが私のところにやって来た。顔は化粧で光り、髪はスプレーで後ろに流し、淡いブルーのピンストライプのスーツを着ている。１９３０年代グレート・ギャツビー風の私の恋人だ。そして山積みになったコカインに目配せし合う。

盲目のピアノ奏者ジョージ・シアリングとその奥さんがテーブルの反対側に座っていて、ビルは彼らに挨拶をする。ジョージと彼の妻はお互いに声を潜めて話し続け、ビルと私は黙って座っている。

私は、ビルがプレイする気力があるかどうか気になっていた。飛行機に乗っている間、ビルは胸の痛みと息苦しさを訴え、私は客室乗務員を呼んで助けを求めたのだ。酸素ボンベとマスクを持ってきて、ビルが呼吸するのを助けてくれた。私は周りの乗客にタバコの火を消すように頼んだ。タバコと酸素タンクに火がついて飛行機が爆発するのではないかと思ってしまうのだ。

ビルは今日のマーヴの番組の最後のゲストで、他にはビルの大ファンでもあるフィリス・ディラーやカル・ジェイダーも出演していた。

ステージに登場したビルは、セットリストを変更すると話し始める。一般大衆向けの番組を通して、自分の作品と音楽に対する貢献を理解してほしい、そう人々に訴えようとする姿は生き生きとしていた。

「この曲は一番最近書いたものなんですが、まだタイトルを付けてなかったので『ディ・ドゥ・リ・アの曲(Did-de-le-a Tune)』と呼んでいて、ライブでディ・ドゥ・リ・アをやろうとこの話をするとウケていました。そしてようやく、この曲は、ひとつのモチーフ(Did-de-le-a)を何度も繰り返しながら、そのモチーフが色々なところに行く形でできているんだと気づきました。この番組を見ている方々には少しシリアスすぎるかもしれないですが、今日はこの曲をやりたいと思います。タイトルは『ユア・ストーリー』と決めました」

自分の中の、感情と憧憬の源に手を伸ばし、ひとつのモチーフから旅を始める。心は温かく、優しく、やがて究極の目的地に辿り着く。血潮が脈打つ人の心へと。

2コーラス目に入ると、ハウスバンドのベース奏者であるレイ・ブラウンが入ってくる。ビルは導くように彼のためのスペースを作り、招き入れる表情を浮かべる。

レイは心を込めて歌い、ビルは恍惚とした表情を浮かべながら、ソウルフルなデュエットを聴かせてくれる。すべてが一体となり、ビルの最後の作品となった曲を、その成熟を、包み込み、そして明らかにする。

曲が終わるとマーヴ・グリフィンが「私もこの映画の世界に入れてもらいたいな」とピアノのところに来て言う。

ビルが笑うと、マーヴはそのセリフを繰り返した。

"I want to be in that movie."

ロサンゼルス　ハリウッドボウル
1980年8月26日

ネネットは、友人である弁護士をホテルに送り込んできて、ビルに、まだ共同所有になっていたコネチカット州の家の権利放棄証書にサインさせた。ようやくふたりの間に正式な離婚の話が出てきたのだ。

友人のトムとサリーが、明日のショーの後の夕食に誘ってくれた。葛藤が起きてしまう。ビルをひとりにしておくのは嫌だが、彼が今は社交する気はまったくないのもわかっている。

1980年8月27日

午後2時30分、あと二時間でハリウッドボウルに出発する。ビルは、またしても怪しげなメタドンでようやく落ち着いてきた。高血圧のせいで頭痛と緊張が続き、熱が続いているので、エアコンの寒さを避けるために布団に潜り込んでいる。ここは空気が悪い。

私の方は、今日はほぼ一日中ビルのショーを待ち続けている。ライブがどうなるのか不安で仕方がないのだ。

午後6時30分

コンサート会場のハリウッドボウルに到着すると、ビルはすぐに楽屋で横になった。私にジョーとマークを連れてこさせ「弾けるかどうかわからないが、なんとかやってみる」と説明する。そして、いよいよ演奏の時間になると、ビルは起き上がって足を引きずりながらステージに上がったのだが、そこではこれまでに見た中でも最もパワフルなステージを披露したのだった。

トムとサリーと一緒にスタンドに座っていた私は、ビルの演奏の凄まじさと、屋外円形劇場さえも圧倒的なエネルギーで満たす能力に驚かされた。

ライブの後、「音楽が自分を奏でていたのだ」と彼は言う。

1980年8月28日

昨夜はいくつか整理することができた。ビルの音楽的遺産を誰に任せるか（アート・マーフィーとウォーレン・バーンハート）、どこに埋葬してほしいか（バトンルージュの兄ハリーの隣）、彼が死亡した際にすぐにすること(奥さんに電話して後は任せる)。

私がトムとサリーと一緒に食事をしている間に、彼は小さな心臓発作を起こしたという。左腕がしびれるのを感じて、心でエネルギーの流れを逆流させようと思い、エネルギーを腕に送り返した、という話を淡々としてくれた。こんな状況の中、自分のわがままで友人と食事して彼を見捨てたことに大きな罪悪感を覚えたのだが、それと同時に、彼の超自然的な力を考えると、私がいる必要はあっただろうかとも思う。

死への最後の道のり

サンフランシスコ　1980年8月29日

空気が澄んでいる。いかにも1940年代風のホテルだ。ヴィンテージな花の風景。ビルの気分にも変化を感じる。死ぬということを、ある種冷静に受け止めているのだ。死への最後の道のりは、完成していく美しさを象徴しているようにも思える。

キャロリン・キャサディの『ハートビート――ビート・ジェネレーションの愛と青春(Heart Beat - My Life with Jack and Neal)』を読み終えた。ひとりの女性から見たポスト・ビート世代の話だ。『クール・クールＬＳＤ交感テスト（The Electric Kool-Aid Acid Test）』の中のフレーズ「きみらはバスに乗るか、降りるのか、いずれかにしてもらいたい」には、ビルとのローラーコースターみたいな旅について考えさせられる。ビルが私により依存するにつれ、私は自分のために何かを変えなくてはと考え始める。

コカインは、私を戸惑わせる。空っぽだけど退屈ではない。不満だが落ち着かなくはない。性的興奮を与えるがそれを満たしたいとは思わない。そして、この訳がわからなくなってしまった状態はいったい何なのか、理解したいと強く思わせる。

私はビルから離れ始めていて、彼の求めを理由もなく弄んでいる。もはや喜ばせたいという欲求に悩まされることもない。このクレイジーな愛の始まりにビルが私に示した「期待しない」という哲学を受け入れるようになったからだ。

私は感情に触れたいのに、得られるのは重さの感覚だけ。

サンフランシスコ　1980年8月29日

ノー・アンサー

最小限に、最小限に、最小限に。話すだけ
選択の自由を認める
決断。ひとりで。自分で
感情に従う
自己に逃避する
何も求めず
何も期待しない
すべてどうでもいい
達成。優しさの瞬間
氷のように明晰な瞬間
真実は痛みを伴い、絶望で自分を使い果たす
受け入れられない

最後のサンフランシスコ公演

１９８０年8月31日

サンフランシスコ

私は自分の体に夢中になっている。さらに大人で、さらに魅力的。完璧。保証付き。

木製の櫛で頭皮をマッサージするように髪を梳き、細い三つ編みをふたつ作って頭に巻きつけるようにする。ドイツの女学生みたいな若くて洗練されたスタイル。永遠の十六歳。ビルの彼女。

ブラはしない。胸の形は完璧だから(こうじゃなきゃという先入観もない)。タイトなＴシャツと、ふくらはぎの真ん中くらいまでの丈のスカートにヒールとストッキングを合わせるのが好み。素敵な女性たち(主にサリー・ドレイクとバーシア・パセック)が私に似合うジャケットを何着も見つけてプレゼントしてくれた。大体が１９４０年代風のスタイルで、上品なブラウスやスカーフ、時には帽子と合わせる。クラブ用の赤い口紅を塗り、鏡でチェックし、コカインを吸い、待つ。

今夜は、このツアーを仕切っているリンダ・ゴールドスタインに迎えに来てもらうことになっている。リンダは、セクシーな唇のジャズシンガー兼ブッキングエージェントで、今回のロサンゼルスの前に、ハーフムーンベイという小さな街でのライブもブッキングしてくれた。カリフォルニア風ビーチハウスのライブ会場では、ビルの最初のプロデューサーだったリバーサイド・レコードのオリン・キープニュースとも初めて会うことができた。とても小さな会場で、ほとんどの人が外のデッキでビルの音楽と素晴らしい海の景色を楽しむようなところだ。

リンダが到着する頃には、私たちはロビーにいた。ビルは疲れていて「調子も悪いし、クリニックは薬の量を間違えているに違いない」と文句を言っている。彼はこのことをかなり気にしているし、私は彼のことが気になる。ロサンゼルスでの心臓のこともあったし、ここにいる間に医者に診てもらうのが良いと思っている。

キーストーン・コーナーは、暗くて四角い、ジャズバーというよりも学生のたまり場のような店だ。リンダに連れられて奥へ進むと、壁一面にジャズミュージシャンの写真が貼られている。このとんでもない、図像学的とさえ言えるようなジャズ写真の壁を完成させるためにどれほどの時間と労力が費やされたか想像もつかない。

キーストーン・コーナーはまさに神社のようなもので、オーナーのトッド・バルカンが神主だ。クラブの裏には部屋がいくつかあり、彼の部屋は一番奥なのだが、その辺りにはすでにたくさんの人々がたむろしていた。ここがサンフランシスコのジャズシーンの中心であることがよくわかる。トッドは、ビルが必要なものをすべて用意してくれ、ドアマン兼任の医師まで待機してくれていた。

ビルは彼の診察を受けることにし、抗生物質、利尿剤、カリウム、そしてベッドでの休養を処方された。ハルト医師はビルの全身状態を心から心配してくれ、依存症のことにも触れる。どうもクラブ中の関係者がビルの依存症を知っているようだ。ハルト医師は鍼灸療法を提案し、ビルは笑って流そうとしたが、耳のツボに鍼を打つ治療法や、様々な依存症を克服した例などを説明してくれた。

私は彼の電話番号を受け取り、電話すると約束した。

クラブは完売していて表には席がないので、ステージ裏の椅子で丸くなり、そこから様子を窺うことにする。他にも何人かの女性がここでくつろいでいたが、世間話をしたいとは思わない。ひとりが「どうしていつも笑っているの」と聞いてきた。私が完全にハイになっているのがわからないのだろうか？　私は夜が更けるのを待ち、ビルとふたりきりになるのを待っている。

ビルとアール・ジンダーズ

サンフランシスコ　1980年9月2日

この街にはコカインがたくさんある。特にクラブでは簡単に手に入るので、ビルの不安はかなり解消された。ラジオのインタビューとクラブでの毎晩の演奏以外は、比較的自由な時間を過ごしている。

ビルは私のためにお気に入りの映画のリスト(監督と公開年付き)を作ってくれ、お気に入りの劇作家についても話し合った。イプセン、ストリンドベリ、リリアン・ヘルマン、そしてテネシー・ウィリアムズだ。ビルは戯曲を書くということについても話し、私はバンクーバーでの私の演劇コーチであるアレックス・ブルハンスキーからもらった戯曲を彼に見せた。テネシー・ウィリアムズの『財産没収』という作品は、自分の面倒を見てくれていた姉の死後、ソーシャルワーカーの目を逃れてひとりで生きていく幼い少女を描いたものだ。「姉のアルヴァは、恋人が皆集まって来る、映画の一場面のように死んだんじゃない」

ビルは、この作品で私をプロデュースしたいという人が出てくると確信しているようだ。

そして回文やアナグラムで遊び、こんな回文ができた。

In if I saw no evil mood did doom live on was I fini?

(私が悪魔のムードを見られなかったら、破滅(ドゥーム)は生き延びたの? 私は終わり?)

I SAW NO EVIL MOOD, DID
DOOM ~~AS I~~ LIVE ON? WAS I
SIT ON

(WHEN)

AREA
AERA WAS NT

DERYA

ON ME

HOME NOT, I SAW
NO EVIL MOOD.
DID DOOM LIVE ON?

DREAMING
GNIMAERD
MEAD
DEAM

WAS IT ON ME?
~~SUN~~
SOON

WAS I ON YETI

YEY NO I SAW

ARENA
AN ERA

EMPTY

YTPME

EAT NOTHING

THUMB

YEST ROF

BEAT

FOR ME

(TEA) B

EM ROF

TEA

1980年9月3日

ある日の午後、ホテルの部屋に、レディ・ガウェインとサー・ギャラハッド宛のカードを添えた豪華なフラワーアレンジメントと果物のバスケットが届けられた。誰か別の人たちに贈られたものだろうと思いきや、フロントの人は私たち宛で間違いないと言う。

驚きつつ、いったい誰からなんだろうと考えてみたのだが、結局その日の夜のジンダーズ家でのディナーに持っていくことにする。ビルはとてもリラックスして、ソファでくつろぎながら私よりも数歳若いだけのアールの娘たちにお話を聞かせていた。糖蜜クッキーのお話だ。ペパリッジ・ファームの糖蜜クッキーが取り憑かれるように好きで、どうやって一番好きな一種類にまで行き着いたか、起きている時間ほとんどをいかにこのクッキー追及に使ったかとかそういうお話。真実からそんなに遠くはないと思う。確かにペパリッジ・ファームのクッキーはビルの大好物だったけれど、たぶん何か別のもっと大人っぽい探し物をクッキーに置き換えて話していたのだろう。

アールとビルは1951年に軍隊で出会い、1956年、ビルがマネス音楽院で学んでいた頃、新進作曲家同士ニューヨークで再会する。当時、アールとフランシーンのアパートで、水栓から滴る水の音、冷蔵庫のドアの開閉音、ビルが電話帳をめくる音など、実験的な録音をしたなんていう面白い話もしてくれた。

ビルはアールの曲を多く録音し、ふたりは親交を深めていくが、アールは「アクシデンタルズ」というバンドのボーカルのアンと結婚し、カリフォルニアに移住して家庭的な生活を送ることになった。後年ビルがフランシーンに語ったところによると、皮肉なことにビルが最初にヘロインに手を出したのはアールに誘われてだったらしい。アール自身は本当のジャンキーではなくて、ちょっと手を出した程度だったらしいが。アールはビルの依存症を自分のせいにしていたが、ビルは彼のせいではない、いずれにせよそうなってしまっただろうと言っている。

1980年9月6日

外で食事をした後、ビルは私をセックス・ショップが立ち並ぶエリアに連れて行ってくれ、「ここはサンフランシスコだ。欲しいものはなんでも買えるよ」と言う。あらゆる形や大きさのディルドがあり、革製品の店があり、映画館のドアに寄りかかりながら呼び込みをしている女の子がいる。通りではいかにもバッタ物の革ジャンを売っている男が私たちに近づいて来て、ビルは自分のと似た感じのビニールジャケットを10ドルで買ってくれた。そうしたらそれはなんと本物のイースト・ウエスト・ミュージカル・インストゥルメント・カンパニーの製品でビルも私も驚いた。

その後、ホテルでセックスをしようとなり、ビルが注射器で大量の薬を用意しているので私にもちょっと打たせてと頼んだら、彼は本当に驚いた顔をして「これだけは絶対に真似しちゃダメだ」と厳しく説教を始めた。

それほど興味があったわけではなく、ただちょっと気になっただけなのだが。

ニューヨークへの飛行機

通路側の席に座っているビルに客室乗務員が飲み物を勧めている。前の座席からテーブルを倒して、ブラックコーヒーとレモンチーズデニッシュを頼む。彼女は発泡スチロールのカップにコーヒーを注ぎ、カートからデニッシュとクリームや砂糖の入った袋を取り出す。

私はクラブソーダを頼んだ。飛行機の中はとても乾燥していて、爪の透明なポリッシュの周りのキューティクルは赤くひび割れ、薄皮が剥がれている。クラブソーダを受け取ろうと手を伸ばし、柿色のポリエステルシャツを着たビルの前で私の手と客室乗務員の手が交差した時に気がついた。

ふたりの手は離れ、ビルは客室乗務員に砂糖の追加を頼み、彼女はまた二袋手渡したが、さらに四つ置くまでビルは合図を送り続けた。

「これで十分」と言いながら砂糖八袋をすべて開け、100ミリリットルもないブラックコーヒーに入れる。ビルのシロップ状のブラックコーヒーと、循環する機内の空気とタバコの臭いが、私の胃を締めつける。口紅がカップの縁に付くけれど、襲ってくる吐き気を鎮めようとクラブソーダの泡を口に運ぶ。液体の冷たさの効果を感じながらひとりで堪える。少し楽になった。

アームレストの小さな金属製の灰皿の中でくすぶるビルのタバコに引き寄せられ、レモンチーズデニッシュにそっと添えられたビルの左手に近づく。

タバコの火を消し、灰皿の蓋を閉める。ビルは目を閉じ、髭の生えた顎は胸の上に収まっている。ようやく眠りがやって来た。たとえこのツアーの、このフライトの、この朝の、たった今という一瞬だったとしても。

無の時間。

最後のライブ～最期の日

ニューヨーク・シティ　1980年9月9日

ビルは今夜、新しくできたファット・チューズデイズというクラブでオープニングを務める。かのヴィレッジ・ヴァンガードのオーナーであるマックス・ゴードンは、ヘレン・キーンがビルを他のクラブにブッキングして頭に来ていると噂になっている。私はこの噂が本当だと知っているし、ビルもそれを心配している。最近のヘレンの判断に疑問を感じていて、新しいマネージャーを探すことも考えているようだ。ソロピアニストとしての新しいキャリアを思い描きながら。ライブはなくしてコンサートだけにし、ツアーのスケジュールを少し楽にする形だ。スティーリー・ダンというグループがツアーをしなくても大丈夫なのを引き合いに出したりしている。スタジオだけのバンド、ツアーはなし、ってどんな感じなのだろう。

1980年9月10日

ファット・チューズデイズに降りていく階段は、ピカピカのアルミで電車の車両のような雰囲気と匂いがする——長くて狭くてクロームだらけで。クラブは満員なので、私はチェリーの香りがする女性用トイレの化粧台で書き物をすることにした。退屈さと、この状態が作り出す自意識過剰な物理的空間を和らげるために書いている。パラノイアだ。

早く家に帰りたい。このクラブでは落ち着かない。

1980年9月11日

今夜はライブができなかった。クラブへ行こうとイーストサイド・ハイウェイを走っているとき、ビルがうとうとハンドルを握っていて、立体交差の下を通る道のコンクリートの壁にあとほんの少しでぶつかるところだったのだ。私が叫んで彼は慌ててハンドルを切り、なんとか衝突は免れたのだが、車を停めても座ったままでしばらく動けなかった。大変なショックだったのだ。ビルはクラブまで運転できる気がしないのでタクシーを呼ぼうと言い、実際そうした。

クラブに到着すると、ビルはジョーとマークに演奏できないことを伝え、何本かの電話のやり取りがあり、ピアニストのアンディ・ラヴァーンがビルに代わって演奏してくれることに。その後ジョーがビルの車を取りに行って、私たちを家まで送ってくれた。

1980年9月13日

ニュージャージーの朝、ダイニングルームの空っぽの窓からは、薄いグレーのスモッグが見えている。

ジョー・ラバーベラと私は、ビルからの指示を待っている。ビルがどうやってこの状態から抜け出すのか、緊張感を持って待っている。

ビルは自分の部屋で静かに、生涯にわたる選択、夢、経験の中に沈みこんでいる。自分の中に閉じこもっているのだ。

彼は、相対的な肉体や物質的な世界を犠牲にし、絶対的なものの心地よさを求める。黄緑色のベッドカバーの上に伸ばされた1メーター80センチの体は、彼が選んだこの旅路のための空っぽの乗り物なのだ。

彼は壊れつつある。

1980年9月15日

ただここにいる。

常に死を感じる。この部屋には死の影が待ち伏せていて、陽が差すのを待っているかのようだ。

ジョーと私は、ミッドタウンの新しいメタドン・クリニックを予約できるように、なんとかビルをベッドから起き上がらせようとしている。ビルは前のクリニックのナイスワンダー医師を信用していない。無断でメタドンの処方量を減らしたと言うのだ。

ジョー・ラバーベラが車で連れて行ってくれる。ビルを支えながらロビーを通って後部座席へ乗せ、ビルが道案内しながらジョーが運転してミッドタウンへと向かう。

信号待ちで美人を見かけて「もう本当に終わりかもしれないな。だって彼女を見ても何も感じないんだよ」と言うビルに私たちは笑う。またもやロープの手品だ。いったいどれだけこの世から離れて（まさに幽体離脱して）も、ここぞという瞬間に元に戻れるのだろう。

私は、この機会にビルのお金関係で思いついたことを言ってみる。

「ねえビル、メモリアル・コンサートを開いてお金を集めるのはどうかしら？」

「トリビュートだよね。だってまだ死んでないからね」と切り返すビルにジョーと私はさらに笑ったのだが、今度はビルが血を吐き始め、マウントサイナイ病院へと道案内する間も口から流れ出る血が止まらない。

「ジョー、クラクションを鳴らして周りに緊急事態だって知らせるんだ」、ビルがそうジョーに指示する間も私は彼から目を離せない。目には恐怖が宿っている。まだ終わっちゃダメ、私にはもっとあなたが必要なのと伝えたい。彼は言う「溺れてしまいそうだ」。人はこんなに血を流しても大丈夫なものなのか私にはわからない。

まもなく救急入口に到着し、ジョーと私はビルを支えて中へと運び込む。至る所に血が飛び、待合室へ血の跡が続く。彼をエマージェンシー・ルームのベッドに横たえ、そこからは慌ただしく医師と看護師たちが引き継いだ。

私は待合室へと連れ出され、係員がビルの命の痕跡を拭き取るのを見ながら、最大級の警戒態勢を取る。

看護師が出てきて、気持ちを安らがせるような声で、ビルの容体は焼灼が必要なだけの鼻血のようなものだと説明してくれる。

隣に座っていた女性が自分の夫も同じような経験があると細かく話し始めるが、誰の言葉も耳に入らず、彼の流した血と私の膝の上の彼のジャケットのことを考えている。

ジョーが戻ってきてまもなく、若い男性医師から小さなオフィスへと招き入れられ、「彼を救えませんでした」と伝えられた。

私はジョーの方を見て言う。

「デジャヴだ、私はこの光景を知っているわ」

この瞬間から私は強度のアドレナリンショックの状態となり、ジョーはヘレン・キーンとマーク・ジョンソンに電話をした。

誰も私にビルの遺体を見せてくれなかった。ビルは実は死んでいないんだ、どこかにちょっと逃げているだけなんだ、とその後何年も思うことになる。私にとっては、彼は本当には死んでいなかったのだから、ふたりの関係を続けることは簡単だった。

本当は死んでいない。

全然死んでいない。

私は決して去らなかったし、彼は永遠になったのだ。

エマージェンシー・ルーム／マウントサイナイ病院

ニューヨーク・シティ　1980年9月15日

少女は下で待っている
硬いオレンジ色のプラスチックシートで体をこわばらせ
血に染まったコーデュロイのジャケットを握りしめ
使命感に包まれ
ちゃんと守り続けるよう
人々は彼女の周りで、彼女に話しかける
すべて夢のようだ
現実とは思えない
膝の上の血に染まったジャケット以外は
彼女はこの事態が過ぎ去るのを待つ
彼がどう切り抜けるか考えながら
彼女は合図を待っている
彼は目でくれる合図を

彼が完全な形で出てくる時に
エマージェンシー・ルームから
そして足を引きずりながら彼女と一緒に車に戻る
彼女はその時を待っている
ふたりだけになる時を
再び一緒になる時を
しかしビルは戻ってこない
若い男性医師が彼女に告げる
彼を救えなかったと
彼女は目を見開く
彼女はその部屋、顔、会話を認識し始める
前にもここに来たことがあると彼女は言う
死体が救われないことを彼女は知っている
死体は古い皮膚のように脱ぎ捨てられる
魂は新しく生まれ変わる
誰も彼女に死体を見せない

彼女はもう死体のことは気にしない
そして彼女はバスルームで血に染まった彼のジャケットの中身を空にする。雑誌の紙に包まれて、わずかに白い粉(コカイン)が入っている。彼の最後の隠しもの――ゴミ箱へ
ついにふたりを結びつけたものが終わった
そして彼は今どこに?

アセンション——天国へ

ビルは、エマージェンシー・ルームのベッドの上の空間を軽やかに浮遊している。蛍光灯の光が、呼吸が落ちていく肉体を追い詰めるようなことはもうない。

私たちは今、一体となっている。ビルは、待合室で血に染まったジャケットを握りしめている私を見守る。バスルームにも付き添ってくれ、彼が隠し持っていた最後のコカイン（わずか1グラム）をゴミ箱に捨てるのも手伝ってくれた。

この瞬間、永遠に続いていくこの瞬間、それを書き留めるよう私に促す。生と生の間で、私に寄り添い、私のためのスペースを作りながら。決して私を見捨てず、優しく励まし続けてくれる。

彼が入っていったところを眺め、共にその至福の世界に入りたいと心の底から思ったが、私の若々しい体とやり残した仕事がそれを押しとどめる。

この完璧な愛を、心の中の特別な場所にしまい、私はここに残る。四分の五拍子。小節を超えて自分を前に進めるための、追加の一拍。

私が手に入れたこの特別な体内リズムを誰も知らない。

私たちの秘密。

私たちの完璧な愛——誰にも触れない。

永遠に私たちのもの。

愛と死と血のこの抱擁の中でふたり一緒なのだ。

ビルは自分の人生を思い出している。進化する意識の中にいくつものストーリーが溢れ、淀みなく流れ、新たな理解へと向かう。固定観念は壊れ去り、ストーリーは色となり、音楽となり、ついには探し求めていた洞察へと辿り着き、彼は笑う。

その完璧さ、美しさ、そして輝き。

彼は再び始める。

ビルが遺してくれたもの

1980年9月15日

病院からヘレン・キーンのアパートへ、気持ちを立て直しながら歩いている。マーク・ジョンソンも一緒だ。ショックの中、研ぎ澄まされた感覚で舗道を歩いている。マークは静かな絶望、怒り、喪失感に包まれているようだ。

ビルは、私たちの目の前で木の枝の一番先まで行ってぶら下がり、折れそうな枝はやはり折れてしまったのだ。

ジョーはビルの車を90丁目のイーストサイドにあるヘレン・キーンのアパートに移動した。

全員が集合し、金色のグレープジュースを飲みながら、彼女の話を聞く。

私は——彼女もそう言ったのだが——マークと一緒に帰ることにした。

マークには、ジョーと私と一緒にビルの家に私の荷物を取りに行くように頼んだ。

*

ジョーとマークと私は、血まみれのビルの車でジョージ・ワシントン・ブリッジを渡り、フォートリーに戻る。誰もしゃべらず、沈みこんでいる。あれほど恐れていたことが現実となり計り知れぬショックを受け、行き先もなく残されたのだ。

ビルは再び天空に昇り、物質的な存在は消え、別れが始まる。ビルの驚異的な集中力と意思が持つ求心力——それが、我々が今ここに集まっている理由でもあるのだが——が遠ざかりつつあるのだ。

橋の佇まいは変わらないが、雲は移り変わり、色を変えていく。ミケランジェロの雲だ。遠くから繰り返し聞こえてくる。

9月終わりの太陽の光に呆然とする。黄金色の、永遠の美。暖かさ、愛、色すべてが美しい。

この瞬間、ビルをとても幸せに思う。永遠の存在となり、物質的な束縛から解放され、ありのままの自分になった彼と、ひとつになり、愛に満たされる。

光と雲のことをジョーとマークにも話してみる。この瞬間をふたりとも共有したいから。彼らのビルへの愛は本物だしリアルだが、私が感じている喜びと美しさは理解してもらえないようだ。

地下駐車場――血に染まった車の墓場――に車を入れ、階段でロビーに上がる。親切な年配のドアマンが出迎えてくれたと思うが、彼とは話さなかった。

九階の宙ぶらりんになった部屋で、残りの麻薬道具を片付ける(このクレイジーな中毒との別れ――唯一の出口を通って)。

何を詰めればいいかわからず、JVCのラジカセと、ビルがトリオのために作ったカセットテープがいっぱいに詰まったビニールのショッピングバッグをマークに渡す。

ビルのマネージャーのヘレン・キーンから、彼のアパート(つまり私たちの家)をすぐに引き払うように言われていて、マークは私をマンハッタンの彼のアパートに連れて行こうと提案してくれた。

ジョーは、ウッドストックの奥さんと赤ちゃんのところに行こうとステーションワゴンに荷物を詰めている。

私はひとりになりたくなかったので、マークと一緒にタクシーに乗り、またジョージ・ワシントン・ブリッジを渡って彼の家へと向かった。ロサンゼルスのトム・ドレイクとサリー・ドレイク夫妻に電話をかけ、サリーにビルが亡くなったことを告げると泣き出してしまった。私はまだ泣いていなかったと気づき、ショックを受けた。ビルの死がいかに美しいものだったかを話そうとしたのだが、彼女はずっと泣き続けていた。

その日の夜、マークの家に母から電話があった。母はエドモントンのラジオでビルの死を知り、私を探し出して電話をくれたのだ。彼女も泣いていた。私がビルの「死の天使」であり、私が彼を送り出し、すべて大丈夫だと伝える。すると、どれだけ心配したか、エドモントンに帰ってきてほしいと叫び始める。でもニューヨークでやることがあるので帰れないと伝えたのだった――何をすべきかまったくわからなかったのだが。

マークは私を彼のロフトベッドで寝かせてくれた。翌朝目を覚ますと、マークが四つん這いになってこのマンハッタンの散らかった部屋に絶えず侵入してくるゴキブリを激しく攻撃していた。

その日は、ポケットに10ドル入れて14丁目の友人ライラ・メトカーフの家に泊まりに行った。葬儀はまだ数日後だ。

ヴィレッジ・ヴァンガードで何かお祝いをしたいと思い、マックス・ゴードンに電話してそのアイデアを伝えてみた。マックスはショックを受けたようで、ビルの死に対する私の反応はどうも他の人たちとは違うようだと感じ始める。

ネネット（ビルの奥さん）と話して、ビルのアパート（つまり私たちの家）に荷物を取りに行くことにした。ビルのピアノに飾る三本の紫の花菖蒲を持ってバスで行く。ネネットは、コネチカット州の自宅からスピード狂の男友達と一緒に来ていて、ビルの生命保険の証書を探し出そうとヒステリックになっていた。

彼らはこの場所をむちゃくちゃにしている。

私はピアノの上に花を置き、彼女にいくつかのものを譲ってもらうよう頼む。まずビルのスーツケース、そしてビルが日本で買った木版画二枚をお願いした。以前にビルからもらった一枚と合わせてセットが完成するものだ。

これらは大丈夫だったが、他のものを持っていくことは許されず、必要なものがあればコピーをするからと言われる。そして私は、ビルと自分自身についての本を書こうとしていると伝えた。これは予期していなかったようだが、最初に読みたいのででき上がったら送ってほしいと言われ、そうすると約束した。

帰り際、部屋の真ん中に「ビルのジャケット」と書かれた茶色い紙袋が置いてあるのに気づいた。きっと、彼が着ていたコーデュロイのジャケット、エマージェンシー・ルームで私が膝に抱えていたジャケットなのだろう。

葬儀、その後

ダークなドレスを一着持っていて、それをビルの葬儀に着ていきたいと思っている。1940年代風のアンティークなネイビーブルーのシフォンのドレスで、スリップが必要なものだが私は持っていない。リンダ・ゴールドスタインの家に泊まっていたので彼女にスリップをねだったら、一着しか持ってないものをしぶしぶ貸してくれた。

私はとても痩せていて、体重は40キロくらいしかない。このドレスはとてもセクシーで、そういう風にビルの記憶に残りたいのだ。彼の愛人として。

セントピーターズ教会に到着、一番後ろの席に座る。ビルの妻、継娘、息子は最前列に座っている。

ジャズ・プリーストであるゲンゼル牧師が説教をしている。ジョー・ラバーベラ、ジェレミー・スタイグなどが演奏もした。

棺がないのには驚いた。ビルは火葬を望んでいなかったのだ。代わりにビルの写真が飾られている。

説教の後、ロビーで何人かの人と話をした。ネネットは人々にバラを配っていて、私たちは会って抱き合う。彼女は泣いていて、私も泣いていたかもしれない。

ビルのパリ時代の友人、フランシス・ボードラも来ていて、ビルのドキュメンタリー映画を完成させようとしていた。

その後リンダのアパートに戻り、リッチー・バイラーク、ジョン・アバークロンビー、デイヴ・リーブマンと一緒にコカインを吸って夜を過ごした。ビルの精神的信条を聞かれたのだが、当時の私にはそれを言葉で説明できなかった。ビルの信念は幅広く、組織化された宗教とは無縁の普遍的な概念なのだ。私はというと、ビルとの人生を中断されてしまったこととどう向き合うか、どうやって守り続けるか、そしてここからどこへ向かおうかと心配になるのだった。

ヘレン・キーンは一刻も早く私にいなくなってほしいようだし、彼女に電話してバンクーバーへの片道航空券を手配してもらった。この時を待っていた。バンクーバーのボッシュに電話して、戻ると伝える時を。

ビルの友人であるフランシーンがスタテン島から車で来て空港まで送ってくれ、彼女が作成したビルの最後の数日間に関する3ページの質問表を手に飛行機に乗り込んだ。

ビルと私がどのようにして出会ったのか、健康状態が悪化し始めたのはいつか、死期を悟っていたのか、最期は祈っていたのか、怖がっていたのか、完全に薬をやめさせることはできたのか、即座にできたのか？　などを知りたがるものだった。

また、彼女が7月に何度かビルの夢を見たことも書いてあった。最初の夢では、誰かがビルと私が結婚すると言い、ふたつ目の夢では、ビルと電車で会い、その噂は本当かと尋ねたら彼女を不思議そうに見ながら考え込み「それは悪くないかもしれないな！」と答えたという。

空港では、ヘレンがくれた飛行機代の小切手でかなりゴタゴタした。やっとのことで係員が彼女のオフィスと連絡をつけ、ヘレンのＶＩＳＡカードでの支払いとして通してくれた。

飛行機に乗り込み、上昇しながら、そのまま墜落するよう強く願う。そうしたらビルと一緒になれるから。

ビル・エヴァンス(1979年、フランシーン・トムリン撮影)

ビル・エヴァンス(1978年、ブライアン・マクミラン撮影)

葬儀で父の最後の演奏を聴くビル・エヴァンスの息子、エヴァン・エヴァンス(レオン・タージニアン撮影)

謝辞

詩人であり素晴らしい編集者でもあるジョージ・ペイエラと、彼の気さくでエキセントリックな妻フィリスに感謝します。最初の物語を書くように励ましてくれたり、最初の方のページをすべてタイプしてくれたり、一か月分の電話代を払ってくれたりしました。このプロジェクトを一緒に完成させることができて、とても嬉しいです。

フランシーン・トムリンには、長年にわたる素晴らしい友情と、彼女にとっては文字通り「ボーイ・ネクスト・ドア」であったビルの、ざっくばらんな姿を教えてくれたことに感謝したいと思います。

私に可能性を見出してくれ、この本のデザインのために彼らのひとりっ子を貸してくれたローリーとブロック・オーバーンに。

この本を美しく仕上げるために時間を割いてくれたライリー・オーバーンに。

私の執筆グループであるデイビッド・ロッシュ、マリーナ・ブレイヴァン、ローリー・オーバーン、エリカ・スノウレイクのみんな。早朝からエロティカを書くことも楽しんだあなたたちがいて、私は幸運です。

この本の初期のバージョンを読んでくれた私の親愛なる友人、ポーラ・ルーサーとベス・グリーソンへ——あなたたちこそがすべての答えとなる愛なのです。

私の人生のパートナー、ブラッド・モンチャー——ビルに対する私の大きな愛をさらに大きな愛で支えてくれました。あなたの確固たる励ましがなければ、この本は完成しなかったでしょう。感謝しています。

私の子供たち、ニコ、エヴァン、タラ——寛大な心でいつもインスピレーションを与えてくれました。私に人生を歩ませてくれてありがとう。

母へ——子供の頃の私の本当の気持ちに気づきながらも何もできなかった母。でも確固たる決心を見せてくれた。それがどんな実を結んだか見てください。

父へ——私に行間を読むことを教えてくれた。あなたの庭では、今も花が咲き誇っています。

兄弟たちへ——神との戦い方を教えてくれたふたりへ。これが私なりの「無原罪懐胎(Immaculate Conception)ならぬ、無原罪の曇りなきボールレセプション(Immaculate Reception)」です。

オスカー・イチャーゾとビル・エヴァンスへ——啓蒙をありがとう。

私たちはひとつなのです。

日本語版参考文献

『俳優修業』

◉スタニスラフスキイ著／Elizabeth Reynolds Hapgood英訳／山田肇日本語訳／未來社／1955年／1975年

英語訳タイトル＝An Actor Prepares 原作者＝Konstantin Stanislavsky 英訳者＝Elizabeth Reynolds Hapgood 原作出版年＝1936年

＊最初に出版された日本語版は、ロシア語から英語に翻訳されたものの重訳。近年になり直接ロシア語から翻訳されたものも出版された。

『財産没収』

◉テネシー・ウィリアムズ著／鳴海四郎・倉橋健訳『しらみとり夫人／財産没収ほか』収録／ハヤカワ演劇文庫／早川書房／2007年

◉テネシイ・ウィリアムズ著／鳴海四郎他訳『テネシイ・ウィリアムズ一幕劇集』収録／早川書房／1966年

原作＝This Property Is Condemned 原作者＝Tennessee Williams 原作出版年＝1946年

『クール・クールLSD交感テスト』

◉トム・ウルフ著／飯田隆昭訳／太陽社／1971年

原作＝The Electric Kool-Aid Acid Test 原作者＝Tom Wolf 原作出版年＝1968年

『ハートビート――ビート・ジェネレーションの愛と青春』

◉キャロリン・キャサディ著／渡辺洋訳／新宿書房／1990年

原作＝Heart Beat — My Life with Jack and Neal 原作者＝Carolyn Cassady 原作出版年＝1976年

ローリー・ヴァホーマン | *Laurie Verchomin*
カナダの草原地帯で生まれ育ち、ピアノ・声楽・モダンダンス・演劇をアルバータ州エドモントン、そしてニューヨークで学ぶ。若い頃、ビル・エヴァンスと出会う幸運に恵まれる。自身の愛・セックス・ドラッグ・精神的な悟り・死・ジャズへの目覚め、そして最も愛されたジャズミュージシャンのひとりの衝撃的な死について回想した本書はこれまでフランス語、イタリア語、ウクライナ語に翻訳されている。ニューヨークの「コンポーザーズ・コラボレイティブ」では、本書の一部をピアニストのジェド・ディストラーを伴いながら朗読するパフォーマンスを行った。ドキュメンタリー映画『ビル・エヴァンス タイム・リメンバード』に登場するほか、ビル・エヴァンスの音楽的遺産の保存と普及を目的としたビル・エヴァンス・レガシー・オーガニゼーションの創設者でもある。

山口三平 | *Sampei Yamaguchi*
大手音楽会社にて音楽制作ディレクター、国内アーティストの海外展開を手がける。ニューヨーク大学大学院で音楽ビジネスを学んだ後、駐在員として二度目のニューヨーク在住。中学時代にビル・エヴァンス『ホワッツ・ニュー』とオスカー・ピーターソン『プリーズ・リクエスト』を通じてジャズに出会う。吾妻光良 & The Swinging Boppers のサックス奏者。

本書の感想を
メールにてお聞かせください
dubooks@diskunion.co.jp

THE BIG LOVE

ビル・エヴァンスと過ごした最期の18か月

Life & Death with Bill Evans

初版発行　二〇二一年九月十五日

著――ローリー・ヴァホーマン
訳――山口三平（やまぐちさんぺい）
手書き文字判読協力――泉里沙
デザイン――小沼宏之[Gibbon]
日本版制作――坂本涼子[DIW]
小澤俊亮[DU BOOKS]
発行者――広畑雅彦
発行元――DU BOOKS
発売元――株式会社ディスクユニオン
東京都千代田区九段南3-9-14
[編集]TEL.03.3511.9970 | FAX.03.3511.9938
[営業]TEL.03.3511.2722 | FAX.03.3511.9941
https://diskunion.net/dubooks/
印刷・製本――大日本印刷

ISBN978-4-86647-154-9
Printed in Japan

[カバー写真]――Michael Ochs Archives／ゲッティイメージズ